Ernährung und Selbstverwirklichung

„Wie Essen die geistige, emotionale und körperliche Gesundheit beeinflusst"

Torsten Weber

Danksagung

Dieses Buch **„Ernährung und Selbstverwirklichung“** ist das Ergebnis zahlreicher Erkenntnisse, Erfahrungen und Inspirationen, die mich auf meiner eigenen Reise begleitet haben. Es wäre nicht möglich gewesen, ohne die unermessliche Weisheit und die inspirierenden Geschichten der vielen Menschen, die ihren Weg zur Selbstverwirklichung durch gesunde Ernährung gefunden haben.

Besonderen Dank möchte ich all den unzähligen inspirierenden Persönlichkeiten aussprechen, deren Erfolgsgeschichten und Erfahrungen mir gezeigt haben, dass Veränderung möglich ist. Ihre Geschichten sind ein Beweis dafür, dass gesunde Ernährung ein Weg zur Selbstverwirklichung sein kann. Diese Erzählungen haben diesem Buch eine tiefe, menschliche Dimension verliehen und verdeutlicht, wie Ernährung zu einem kraftvollen Werkzeug für ein erfülltes Leben werden kann.

Ein herzliches Dankeschön geht auch an alle, die ihre persönlichen Reisen zur Selbstverwirklichung durch gesunde Ernährung mit mir geteilt haben. Eure Offenheit und Bereitschaft, eure Erfahrungen weiterzugeben, haben dazu beigetragen, die Inhalte dieses Buches authentisch und praxisnah zu gestalten.

Möge dieses Buch euch auf eurer Reise zu Gesundheit und Selbstverwirklichung begleiten und euch die Werkzeuge und Inspiration bieten, die ihr braucht, um eure Ziele zu erreichen. Vielen Dank für eure Unterstützung, eure Motivation und euer Vertrauen.

Inhalt

Kapitel 4: Nachhaltige Ernährung und Selbstverwirklichung

Kapitel 5: Ernährungsstrategien für mentale Klarheit und Konzentration

Kapitel 6: Achtsames Essen

Kapitel 7: Die Darm-Hirn-Verbindung

Einleitung

Willkommen zu „Ernährung und Selbstverwirklichung“, einem Buch, das Sie auf eine transformative Reise führen wird. In einer Welt, die zunehmend von hektischen Lebensstilen und ungesunden Essgewohnheiten geprägt ist, ist es wichtiger denn je, die tiefe Verbindung zwischen unserer Ernährung und unserem inneren Wohlbefinden zu verstehen. Dieses Buch zeigt auf eindrucksvolle Weise, wie bewusste Ernährung nicht nur unseren Körper, sondern auch unseren Geist und unsere Seele nährt und stärkt.

Vielleicht haben Sie schon viele Diäten ausprobiert und sich gefragt, warum Sie trotz aller Bemühungen nicht das erhoffte Wohlgefühl erreichen. Oder Sie suchen nach Wegen, Ihre emotionale Stabilität und geistige Klarheit zu verbessern. „Ernährung und Selbstverwirklichung“ bietet Ihnen eine ganzheitliche Perspektive, wie Sie durch gezielte Nahrungsaufnahme Ihre Lebensqualität nachhaltig verbessern können.

Dieses Buch ist kein gewöhnlicher Ernährungsratgeber. Es ist eine Einladung, Ihre Beziehung zu Nahrung und Wohlbefinden neu zu entdecken. Es zeigt auf, wie bestimmte Lebensmittel unsere Stimmung, Energie und geistige Leistungsfähigkeit beeinflussen und wie wir durch bewusste Ernährung unsere Ziele erreichen und ein erfüllteres Leben führen können.

Wir werden tief in die Wissenschaft der Ernährungspsychologie eintauchen, um zu verstehen, wie unsere Ernährung unser Verhalten und unsere Emotionen beeinflusst. Sie werden wertvolle Tipps und Strategien entdecken, die Ihnen dabei helfen, gesunde Essgewohnheiten in Ihren Alltag zu übernehmen und zu etablieren. Zudem bieten inspirierende Erfolgsgeschichten

Einblicke in die transformative Kraft der Ernährung und zeigen, dass Veränderung möglich ist.

„Ernährung und Selbstverwirklichung" ist mehr als ein Buch – es ist ein Wegweiser zu einem gesunden, harmonischen Leben. Es ermutigt Sie, achtsam mit sich selbst umzugehen, bewusst zu essen und dadurch Ihre wahre Kraft und Potenzial zu entfalten. Lassen Sie sich auf diese Reise ein und entdecken Sie, wie Sie durch die richtige Ernährung nicht nur Ihren Körper, sondern auch Ihren Geist und Ihre Seele nähren können.

Machen Sie den ersten Schritt in Richtung Selbstverwirklichung durch bewusste Ernährung. Ihr neues, erfüllteres Leben beginnt jetzt.

Warum dieses Buch wichtig ist

„Ernährung und Selbstverwirklichung" ist ein unverzichtbarer Leitfaden für jeden, der den tiefgreifenden Einfluss der Ernährung auf das eigene Wohlbefinden und die persönliche Entwicklung verstehen möchte. In einer Welt, die oft von schnellen, ungesunden Essgewohnheiten dominiert wird, zeigt dieses Buch auf eindrucksvolle Weise, wie bewusste Ernährung nicht nur den Körper, sondern auch den Geist und die Seele nähren kann. Es geht weit über die herkömmlichen Ernährungsratschläge hinaus und bietet eine ganzheitliche Perspektive, wie man durch gezielte Nahrungsaufnahme seine Ziele erreichen und ein erfülltes Leben führen kann.

Die darin enthaltenen praktischen Tipps, wissenschaftlichen Erkenntnisse und inspirierenden Erfolgsgeschichten dienen als wertvolle Ressourcen, um den Weg zur Selbstverwirklichung zu ebnen. Ob Sie Ihre geistige Klarheit verbessern, emotionale Stabilität erlangen oder einfach ein gesünderes Leben führen möchten, dieses Buch bietet Ihnen die Werkzeuge und das Wissen, um nachhaltige Veränderungen vorzunehmen. Es erinnert uns daran, dass wahre Gesundheit nicht nur aus physischer Fitness besteht, sondern auch aus einem harmonischen Gleichgewicht zwischen Körper, Geist und Seele. „Ernährung und Selbstverwirklichung" ist daher mehr als nur ein Buch – es ist ein Wegweiser zu einem ganzheitlich gesunden und erfüllten Leben.

Bevor Sie mit dem Lesen beginnen, möchte ich auf Folgendes hinweisen: Es kann vorkommen, dass bestimmte Wörter oder Themen in den Kapiteln mehrfach behandelt oder wiederholt werden. Dies geschieht absichtlich, um Ihnen durch ständige Wiederholung zu helfen, sich diese Aspekte besser einzuprägen und ihre Bedeutung zu unterstreichen.

Viel Spaß beim Lesen!

Kapitel 1: Die Wissenschaft der Ernährungspsychologie

Einführung in die Ernährungspsychologie

Die Ernährungspsychologie öffnet uns die Augen dafür, wie tiefgreifend unser Essen unsere Gedanken, Gefühle und unser Verhalten beeinflusst. Denken Sie an die letzte Mahlzeit, die Sie zu sich genommen haben: War sie reich an Farben und frischen Zutaten oder handelte es sich um schnelle, verarbeitete Nahrung? Ihre Antwort auf diese Frage könnte mehr über Ihren aktuellen Gemütszustand aussagen, als Sie vielleicht vermuten. Dieses Wissen ermöglicht es Ihnen, Ihre Ernährung bewusst so zu gestalten, dass sie Ihre psychologische und physische Gesundheit unterstützt.

Beginnen wir mit einem einfachen Beispiel: die Omega-3-Fettsäuren. Wissenschaftliche Studien haben immer wieder gezeigt, dass diese Fette, die reichlich in Fisch, Walnüssen und Flachsamen vorkommen, essenziell für die Funktionsweise unseres Gehirns sind. Sie verbessern die Fluidität der Gehirnzellen, was die Kommunikation zwischen den Zellen erleichtert. Die Folge? Bessere Stimmung, klarere Gedanken und ein verringertes Risiko für depressive Episoden. Indem Sie diese Lebensmittel regelmäßig in Ihre Ernährung integrieren, tun Sie also etwas Gutes für Ihren Körper und Ihren Geist.

Aber die Ernährungspsychologie geht noch weiter. Sie lehrt uns auch, dass die Art und Weise, wie wir essen, fast genauso wichtig ist wie das, was wir essen. Achtsames Essen – also die Praxis, wirklich bei unserer Nahrung präsent zu sein, sie zu schmecken und zu genießen – kann unser emotionales Wohlbefinden erheblich verbessern. Es ermöglicht uns, eine tiefere Verbindung zu dem zu fühlen, was auf unserem Teller liegt, und fördert eine gesündere Einstellung zum Essen insgesamt.

Und dann gibt es noch die komplexen Kohlenhydrate – Vollkornprodukte, Hülsenfrüchte, Wurzelgemüse –, die langsam Energie freisetzen und unseren Blutzuckerspiegel stabil halten. Diese Stabilität ist entscheidend für unsere Stimmung und Energie über den Tag. Ein stabiler Blutzuckerspiegel verhindert jene Launenhaftigkeit und Energieeinbrüche, die oft nach dem Verzehr von zuckerreicher, verarbeiteter Nahrung auftreten.

Schließlich zeigt uns die Ernährungspsychologie, dass die regelmäßige Einbindung von Mikronährstoffen, wie B-Vitaminen, Magnesium und Zink, welche kritisch für die Neurotransmitterproduktion im Gehirn sind, essentiell für unsere psychische Gesundheit ist. Ein Mangel an diesen Nährstoffen kann zu Symptomen wie Müdigkeit, Reizbarkeit und sogar Depression führen. Indem Sie Ihre Ernährung mit diesen Mikronährstoffen anreichern, können Sie Ihre geistige Gesundheit direkt beeinflussen und fördern.

Verstehen Sie, wie Ihre Wahl der Nahrung nicht nur Ihre körperliche Gesundheit, sondern auch Ihr psychisches Wohlbefinden beeinflusst, bietet Ihnen eine machtvolle Möglichkeit, Ihr Leben zum Besseren zu verändern. Jede Mahlzeit ist eine neue Gelegenheit, Ihr Gehirn zu nähren und Ihre Stimmung zu heben. Nutzen Sie dieses Wissen, um bewusste Entscheidungen zu treffen, die Sie nicht nur körperlich, sondern auch mental stärken.

Einfluss der Ernährung auf Gehirn und Verhalten

Die Beziehung zwischen dem, was wir essen, und wie wir denken, fühlen und handeln, ist keine bloße Vermutung, sondern eine wissenschaftlich fundierte Tatsache. Die Ernährungspsychologie offenbart, dass die Auswahl unserer Nahrung direkt unsere kognitive Leistung, unsere Emotionen und unser allgemeines Verhalten beeinflussen kann. Denken Sie darüber nach: Jedes Lebensmittel, das Sie konsumieren, ist potenziell eine Dosis Medizin oder ein Gift für Ihr Gehirn.

Können Sie sich vorstellen, dass die Steigerung Ihrer geistigen Schärfe und die Verbesserung Ihrer Stimmung so einfach sein könnten wie die Änderung Ihres Frühstücks oder das häufigere Essen von bestimmten Nüssen und Samen? Es ist wahr – Studien haben gezeigt, dass Diäten, die reich an bestimmten Nährstoffen wie Omega-3-Fettsäuren, Antioxidantien und Aminosäuren sind, das Risiko für Depressionen senken und die kognitive Funktion steigern können. Diese Nährstoffe wirken wie Brennstoffe für unser Gehirn, verbessern die neuronale Verbindung und fördern die Neuroplastizität, was zu einer verbesserten Gehirnfunktion und einem gesteigerten Wohlbefinden führt.

Aber es geht nicht nur um die einzelnen Nährstoffe. Die Gesamtheit Ihrer Ernährungsgewohnheiten spielt eine entscheidende Rolle. Ein Ernährungsplan, der reich an verarbeiteten Lebensmitteln, Zucker und gesättigten Fetten ist, kann zu einer Verschlechterung der geistigen Gesundheit führen. Solche Ernährungsgewohnheiten sind mit einem erhöhten Risiko für Depressionen und Angstzustände verbunden, ganz zu schweigen von physischen Gesundheitsproblemen wie Herzkrankheiten und Diabetes. Auf der anderen Seite kann eine Ernährung, die auf Vollwertkost basiert und reich an Obst,

Gemüse, Vollkornprodukten und mageren Proteinen ist, dazu beitragen, Ihr Gehirn zu schützen und Ihre Stimmung zu heben.

Verändern Sie doch einmal Ihren Blickwinkel auf das Essen: Sehen Sie es nicht nur als Mittel gegen Hunger, sondern als eine Möglichkeit, Ihre Lebensqualität zu verbessern. Indem Sie bewusst Lebensmittel wählen, die Ihre mentale Gesundheit unterstützen, nehmen Sie eine aktive Rolle in der Pflege Ihres Gehirns und Ihres gesamten Selbst ein. Denken Sie an die Farben auf Ihrem Teller, die Vielfalt und die Frische der Zutaten – all dies sind Indikatoren dafür, wie gut Sie Ihr Gehirn nähren.

Es ist auch wichtig, die psychologischen Aspekte der Ernährung zu berücksichtigen. Das Essen kann Trost bieten, ja, aber es kann auch zur Quelle von Stress werden, besonders wenn Sie sich ständig Sorgen um Kalorien, Gewicht oder das Einhalten einer extremen Diät machen. Die Ernährungspsychologie rät, eine ausgewogene Haltung zum Essen zu entwickeln, bei der Sie Nahrungsmittel für ihre nährenden Eigenschaften und nicht für ihre Einschränkungen schätzen. Essen sollte eine Quelle der Freude und nicht der Angst sein.

Indem Sie lernen, wie Sie Ihre Ernährungsgewohnheiten anpassen können, um nicht nur Ihren Körper, sondern auch Ihr Gehirn zu nähren, eröffnen Sie sich die Möglichkeit, Ihre geistige Klarheit, Ihre emotionale Ausgeglichenheit und Ihre Lebensfreude zu steigern. Nehmen Sie diese Herausforderung an, und beginnen Sie den Prozess, sich selbst durch das, was Sie essen, zu transformieren.

Wichtige Forschungsergebnisse einfach erklärt

Die Wissenschaft der Ernährungspsychologie hat in den letzten Jahren erstaunliche Fortschritte gemacht, und die Ergebnisse sind sowohl überzeugend als auch revolutionär. Sie liefern uns klare Beweise dafür, wie die Wahl unserer Nahrung direkt unsere kognitive Funktion, unsere Stimmung und unser Verhalten beeinflusst. Diese Forschungsergebnisse sind nicht nur interessant – sie sind lebensverändernd. Sie bieten uns die Möglichkeit, durch bewusste Ernährung tiefgreifende Verbesserungen in unserem Leben zu erzielen.

Wissenschaftler auf der ganzen Welt haben in zahlreichen Studien gezeigt, dass bestimmte Ernährungsweisen und spezifische Nährstoffe einen erheblichen Einfluss auf das Gehirn haben. Beispielsweise hat die Forschung ergeben, dass eine Ernährung, die reich an Omega-3-Fettsäuren ist, nicht nur das Risiko für Herz-Kreislauf-Erkrankungen senkt, sondern auch neuroprotektive Eigenschaften hat. Diese Fettsäuren sind entscheidend für die Reduzierung von Entzündungen im Gehirn, was wiederum die Risiken für Stimmungsschwankungen und neurodegenerative Erkrankungen wie Alzheimer verringert.

Auch die Bedeutung von Antioxidantien wurde intensiv untersucht. Diese kraftvollen Substanzen, die in vielen Obst- und Gemüsesorten zu finden sind, schützen unsere Körperzellen vor Schäden durch freie Radikale. Freie Radikale sind instabile Moleküle, die im Körper natürlicherweise entstehen und zu Alterung und Krankheiten beitragen können. Die Forschung zeigt, dass Antioxidantien, insbesondere solche aus natürlichen Quellen wie Beeren, dunkelgrünem Gemüse und Kaffee, entscheidend dazu beitragen können, das Gehirn vor dem Abbau zu schützen und unsere mentale Klarheit zu bewahren.

Ein weiterer wichtiger Forschungsbereich ist der Einfluss von Diäten auf die psychische Gesundheit. Studien haben wiederholt gezeigt, dass Ernährungsweisen, die hohe Mengen an verarbeiteten Lebensmitteln und Zucker enthalten, mit einem erhöhten Risiko für Depressionen und Angstzustände verbunden sind. Im Gegensatz dazu kann eine Ernährung, die reich an Vollkornprodukten, unverarbeitetem Obst und Gemüse sowie mageren Proteinen ist, dazu beitragen, die Symptome von Depressionen zu lindern und das allgemeine Wohlbefinden zu verbessern.

Diese Forschungsergebnisse sind ein klarer Aufruf zum Handeln. Sie zeigen uns, dass unsere täglichen Entscheidungen über das, was wir essen, eine tiefe und dauerhafte Auswirkung auf unsere geistige Gesundheit und unser Wohlbefinden haben. Wenn wir Lebensmittel wählen, die reich an wichtigen Nährstoffen sind, stärken wir nicht nur unsere körperliche Gesundheit, sondern auch unsere mentale Resilienz. Es geht nicht nur darum, Krankheiten zu vermeiden – es geht darum, ein optimales Leben zu führen, voller Vitalität, Freude und geistiger Schärfe.

Wir stehen am Rande einer neuen Ära der Gesundheitsfürsorge, in der Ernährung als grundlegender Bestandteil der mentalen Gesundheitspflege anerkannt wird. Diese Erkenntnisse laden jeden von uns ein, seine Ernährungsgewohnheiten zu überdenken und anzupassen, um nicht nur länger, sondern auch besser zu leben. Durch die Integration der Ernährungspsychologie in unser tägliches Leben haben wir die Macht, nicht nur unser eigenes Leben zu verbessern, sondern auch das unserer Familien und Gemeinschaften positiv zu beeinflussen.

Schnittstellen von Psychologie und Ernährungswissenschaft

Die Ernährungspsychologie bildet eine spannende Schnittstelle zwischen verschiedenen wissenschaftlichen Disziplinen, die uns tiefgreifende Einblicke in die komplexen Beziehungen zwischen Ernährung, Geist und Körper bietet. Dieses interdisziplinäre Feld vereint die Expertise aus Psychologie, Neurologie, Ernährungswissenschaft und sogar der Endokrinologie, um ein vollständigeres Bild davon zu zeichnen, wie unsere Nahrungsaufnahme unser Denken, Fühlen und Handeln beeinflusst.

Stellen Sie sich vor, Sie könnten nicht nur Ihre körperliche Gesundheit durch die richtige Ernährung verbessern, sondern auch Ihre mentale Leistungsfähigkeit, Ihre Stimmung und Ihr emotionales Wohlbefinden. Die Ernährungspsychologie zeigt uns, dass dies kein ferner Traum ist, sondern eine erreichbare Realität. Durch das Verständnis der biochemischen Prozesse, die auftreten, wenn unser Körper Nahrung verarbeitet, können wir beginnen, gezielt Lebensmittel auszuwählen, die unsere geistige Gesundheit fördern.

Experten aus der Psychologie untersuchen, wie bestimmte Nahrungsmittel und Nährstoffe unsere Stimmungen und Verhaltensweisen beeinflussen können. Zum Beispiel hat die Forschung gezeigt, dass ein Mangel an bestimmten Vitaminen und Mineralien, wie Vitamin D, Magnesium und Omega-3-Fettsäuren, mit einem erhöhten Risiko für Depressionen verbunden ist. Indem wir unsere Ernährung so anpassen, dass sie reich an diesen lebenswichtigen Nährstoffen ist, können wir aktiv unsere psychische Gesundheit verbessern.

Neurologen erforschen, wie Nährstoffe wie Aminosäuren und Fettsäuren die Gesundheit unserer Gehirnzellen beeinflussen und unsere kognitive Funktion unterstützen. Diese Forschungen haben zum Beispiel herausgefunden, dass Omega-3-Fettsäuren eine entscheidende Rolle beim Aufbau und Erhalt der Myelinscheiden spielen, die unsere Nervenzellen umhüllen und für eine schnelle Signalübertragung im Gehirn sorgen. Eine Ernährung, die reich an diesen Fettsäuren ist, kann nicht nur die kognitive Leistung steigern, sondern auch den Alterungsprozess des Gehirns verlangsamen.

Ernährungswissenschaftler wiederum bringen ihr Verständnis dafür ein, wie Nahrung aufgenommen, verdaut und in ihre Bestandteile zerlegt wird, die dann von unserem Körper genutzt werden. Sie erforschen, wie die Zusammensetzung der Ernährung, von Makro- bis zu Mikronährstoffen, unsere Hormone und Stoffwechselprozesse beeinflusst. Diese Kenntnisse sind entscheidend, um Diätpläne zu entwickeln, die nicht nur zur Gewichtskontrolle beitragen, sondern auch das allgemeine Wohlbefinden fördern.

Durch die Zusammenarbeit dieser verschiedenen Disziplinen wird ein ganzheitlicher Ansatz zur Gesundheitsförderung geschaffen, der über traditionelle Diäten hinausgeht und stattdessen auf eine umfassende Förderung des Wohlbefindens abzielt. Indem wir lernen, unsere Ernährungsgewohnheiten auf der Basis fundierter wissenschaftlicher Erkenntnisse anzupassen, können wir unsere Lebensqualität signifikant verbessern.

Neue Trends in der Ernährungspsychologie

Die Zukunft der Ernährungspsychologie ist nicht nur faszinierend, sondern auch von entscheidender Bedeutung für unser Verständnis der Verbindung zwischen Ernährung und Gehirn. Mit den rapiden Fortschritten in der Wissenschaft und Technologie erleben wir eine revolutionäre Entwicklung in der Art und Weise, wie wir Ernährung und mentale Gesundheit verstehen und beeinflussen können. Diese Forschungsfortschritte bieten uns unglaubliche Möglichkeiten, unser Wohlbefinden auf eine Weise zu steigern, die wir uns bisher kaum vorstellen konnten.

In naher Zukunft könnten wir in der Lage sein, personalisierte Ernährungspläne zu entwickeln, die auf die individuelle genetische Konstitution, den Stoffwechsel und sogar das Mikrobiom einer Person zugeschnitten sind. Stellen Sie sich vor, Sie könnten einen Ernährungsplan erhalten, der genau auf Ihre persönlichen gesundheitlichen Bedürfnisse abgestimmt ist, um optimale geistige Klarheit und emotionale Stabilität zu fördern. Die Forschung in der Ernährungspsychologie bewegt sich in diese Richtung, indem sie immer mehr herausfindet, wie bestimmte Nahrungsmittel und Nährstoffe spezifische Aspekte der Gehirnfunktion und psychischen Gesundheit beeinflussen.

Durch den Einsatz von Big Data und künstlicher Intelligenz könnten Wissenschaftler und Ärzte bald in der Lage sein, präzise Vorhersagen darüber zu treffen, welche Diäten am effektivsten sind, um bestimmte psychische Störungen zu behandeln oder zu verhindern. Die Verwendung von Algorithmen, die große Mengen an Gesundheitsdaten analysieren, könnte es uns ermöglichen, maßgeschneiderte Ernährungsempfehlungen zu geben, die auf wissenschaftlichen Erkenntnissen basieren und nicht nur auf allgemeinen Richtlinien.

Darüber hinaus wird die Forschung zur Ernährungspsychologie voraussichtlich die Entwicklung neuer Nahrungsergänzungsmittel und funktioneller Lebensmittel vorantreiben, die speziell darauf ausgelegt sind, die mentale Gesundheit zu unterstützen. Diese Produkte könnten natürliche Stimmungsaufheller oder kognitive Verstärker enthalten, die sicher und effektiv sind und auf die gleiche Weise genutzt werden können, wie wir heute Vitamine zur Unterstützung der körperlichen Gesundheit einnehmen.

Ein weiterer spannender Trend ist die zunehmende Anerkennung der Rolle des Darm-Mikrobioms in der psychischen Gesundheit. Die Ernährungspsychologie wird weiterhin erforschen, wie Veränderungen in der Darmflora durch Ernährungsumstellungen direkt zur Verbesserung der psychischen Gesundheit beitragen können. Dieses Wissen könnte zu neuen diätetischen Strategien führen, die darauf abzielen, das Mikrobiom zu modulieren und so Depressionen, Angstzustände und sogar neurodegenerative Erkrankungen zu bekämpfen.

Die Zukunft der Ernährungspsychologie ist nicht nur ein Versprechen für bessere gesundheitliche Ergebnisse, sondern auch ein Aufruf zum Handeln für jeden von uns. Durch die Ausbildung und das wachsende Bewusstsein für die Verbindung zwischen dem, was wir essen, und wie wir denken und fühlen, wird es möglich sein, eine neue Ära der Gesundheitsvorsorge zu gestalten, in der psychische Gesundheit genauso wichtig ist wie körperliche Gesundheit. Indem wir die neuesten wissenschaftlichen Erkenntnisse in unser tägliches Leben integrieren, können wir nicht nur unsere eigene Lebensqualität verbessern, sondern auch dazu beitragen, die öffentliche Gesundheit auf globaler Ebene zu fördern.

Kapitel 2: Lebensmittel, die das Gehirn nähren

Warum Omega-3-Fettsäuren gut für das Gehirn sind

Wenn Sie nach einem einzigen Nährstoff suchen, der Ihre Gehirngesundheit revolutionieren könnte, dann lassen Sie es Omega-3-Fettsäuren sein. Diese lebenswichtigen Fette sind nicht nur grundlegend für die allgemeine Gesundheit, sondern spielen auch eine zentrale Rolle bei der Entwicklung und Funktion des menschlichen Gehirns. In der Ernährungspsychologie haben Omega-3-Fettsäuren aufgrund ihrer nachweisbaren Vorteile für die kognitive Leistung und die emotionale Stabilität besondere Aufmerksamkeit erhalten.

Die Bedeutung von Omega-3-Fettsäuren für das Gehirn kann gar nicht hoch genug eingeschätzt werden. Diese Fettsäuren sind essenzielle Bausteine der Zellmembranen in unserem Körper, insbesondere im Gehirn, wo sie die Fluidität und Funktionalität der Zellmembranen fördern. Das hat direkte Auswirkungen auf die Kommunikation zwischen den Gehirnzellen, die für alles verantwortlich sind, von der Gedächtnisbildung bis zur Stimmungsregulation. Studien zeigen, dass ein hoher Anteil von Omega-3-Fettsäuren im Körper mit verbesserter kognitiver Flexibilität, besserem Gedächtnis und schnellerer Informationsverarbeitung verbunden ist.

Darüber hinaus haben Forschungen gezeigt, dass Omega-3-Fettsäuren eine präventive Wirkung gegen die Degeneration des

Gehirns haben können, die oft im Alter auftritt. Sie sind dafür bekannt, entzündungshemmende Eigenschaften zu besitzen, die neuroprotektiv wirken und möglicherweise das Risiko für Erkrankungen wie Alzheimer und andere Formen von Demenz reduzieren. Die regelmäßige Einnahme von Omega-3 kann also eine Langzeitinvestition in Ihre Gehirngesundheit darstellen, die dazu beiträgt, Ihre kognitiven Fähigkeiten auch im höheren Alter zu erhalten.

Ein weiterer überzeugender Grund, Omega-3-Fettsäuren in Ihre Ernährung einzubeziehen, betrifft die emotionale Gesundheit. Verschiedene Studien haben einen Zusammenhang zwischen Omega-3-Mangel und erhöhten Risiken für Depressionen und Angstzustände festgestellt. Die Aufnahme dieser Fettsäuren kann die Symptome der Depression verbessern und die allgemeine emotionale Resilienz stärken. Dies liegt daran, dass Omega-3-Fettsäuren direkt auf die Serotonin- und Dopamin-Produktion im Gehirn einwirken, welche beide stark mit unserem Gefühl des Wohlbefindens verbunden sind.

Angesichts dieser Erkenntnisse ist es unumgänglich, Omega-3-Fettsäuren als einen wesentlichen Bestandteil Ihrer täglichen Ernährung zu betrachten. Sie finden sich in hohen Konzentrationen in fettem Fisch wie Lachs, Makrele und Sardinen, aber auch in Leinsamen, Chiasamen und Walnüssen. Für Personen, die Fisch vermeiden möchten oder eine zusätzliche Quelle benötigen, bieten sich Fischöl- oder Algenöl-Supplemente an, die eine hohe Konzentration dieser wichtigen Fettsäuren liefern.

Indem Sie Omega-3-Fettsäuren zu einem festen Bestandteil Ihrer Ernährung machen, investieren Sie aktiv in die Gesundheit Ihres Gehirns und Ihr emotionales Wohlbefinden. Nehmen Sie diese einfachen Änderungen in Ihrer Diät vor und erleben Sie die tiefgreifenden Auswirkungen, die eine solche Umstellung auf Ihre

Lebensqualität haben kann. Es geht nicht nur darum, länger zu leben, sondern um ein Leben voller Vitalität, Klarheit und emotionaler Stabilität.

Wie Antioxidantien unsere Stimmung beeinflussen

Antioxidantien sind mehr als nur ein Schlagwort für gesunde Ernährung; sie sind lebenswichtige Verbündete im Kampf gegen oxidative Schäden und Alterungsprozesse im Körper und insbesondere im Gehirn. Diese mächtigen Moleküle spielen eine entscheidende Rolle bei der Neutralisierung freier Radikale, die unsere Zellen angreifen und zu einer Vielzahl von chronischen Krankheiten führen können, einschließlich kognitiver Beeinträchtigungen und Stimmungsstörungen.

Wenn wir über die Beziehung zwischen Antioxidantien und unserem emotionalen Gleichgewicht sprechen, dann sprechen wir über eine direkte Einflussnahme auf unsere Lebensqualität. Durch den Verzehr von Lebensmitteln, die reich an Antioxidantien sind, können wir nicht nur unser körperliches Wohlbefinden verbessern, sondern auch unsere mentale Gesundheit stärken. Die Forschung hat gezeigt, dass Antioxidantien das Potenzial haben, die Symptome von Depressionen zu reduzieren und das allgemeine Wohlbefinden zu fördern.

Ein bedeutender Aspekt der Wirkung von Antioxidantien ist ihre Fähigkeit, die neuroinflammatorischen Prozesse zu modulieren, die oft mit psychischen Störungen wie Depressionen und Angstzuständen assoziiert sind. Indem sie entzündliche Reaktionen im Gehirn dämpfen, können Antioxidantien dazu beitragen, das neurochemische Gleichgewicht zu erhalten und somit die Stimmung und geistige Klarheit zu verbessern. Es ist faszinierend zu erkennen, dass etwas so Einfaches wie die Auswahl von Lebensmitteln mit hohem Antioxidantiengehalt, wie Beeren, dunkle Schokolade, Nüsse und grünes Blattgemüse, eine so tiefgreifende Wirkung auf unser geistiges Wohlbefinden haben kann.

Die Wirkung von Antioxidantien erstreckt sich auch auf die Verhinderung der oxidativen Schäden, die durch Umweltfaktoren wie Verschmutzung, Rauchen und UV-Strahlung verursacht werden. Diese Schäden sind nicht nur für unsere Haut und unser äußeres Erscheinungsbild problematisch, sondern auch für unser Gehirn. Langzeitstudien haben gezeigt, dass Menschen, die eine antioxidansreiche Ernährung verfolgen, eine geringere Rate an kognitivem Abbau und eine verbesserte Lebensspanne aufweisen.

Es ist auch wichtig zu erwähnen, dass die regelmäßige Aufnahme von Antioxidantien mit einem geringeren Risiko für die Entwicklung von neurodegenerativen Krankheiten wie Alzheimer und Parkinson verbunden ist. Diese Krankheiten, die oft mit einem fortschreitenden Verlust der Gehirnfunktion und der Lebensqualität einhergehen, können möglicherweise durch eine antientzündliche und antioxidative Ernährung verzögert oder in ihrer Schwere gemindert werden.

Um die Vorteile von Antioxidantien optimal zu nutzen, ist es empfehlenswert, eine breite Auswahl an Lebensmitteln zu essen, die reich an diesen Nährstoffen sind. Eine bunte Palette auf Ihrem Teller nicht nur optisch ansprechend, sondern auch ein Zeichen für eine nährstoffreiche Ernährung. Denken Sie daran: Jedes Mal, wenn Sie sich für dunkles Blattgemüse, leuchtend rote Beeren oder knackige Nüsse entscheiden, tun Sie etwas Gutes für Ihr Gehirn und Ihr emotionales Wohlbefinden.

Indem Sie Antioxidantien zu einem festen Bestandteil Ihrer Ernährung machen, investieren Sie in Ihre langfristige geistige Gesundheit und tragen dazu bei, Ihre Lebensqualität zu erhalten und zu verbessern. Dies ist eine einfache, aber kraftvolle Maßnahme, die jeder ergreifen kann, um nicht nur heute, sondern auch in Zukunft gesund und glücklich zu bleiben.

Der Nutzen von Probiotika für die psychische Gesundheit

Haben Sie jemals darüber nachgedacht, wie sehr das, was in Ihrem Darm vorgeht, Ihre Stimmung und psychische Gesundheit beeinflussen kann? Probiotika, oft als "gute" Bakterien bezeichnet, spielen eine zentrale Rolle in unserer Darmgesundheit und erweisen sich zunehmend als Schlüsselelemente für unser psychisches Wohlbefinden. Diese mikroskopisch kleinen Helfer können weit mehr als nur Verdauungsprobleme lindern; sie sind auch kritische Akteure in der Verbindung zwischen unserem Darm und unserem Gehirn, bekannt als die Darm-Hirn-Achse.

Die Forschung hat gezeigt, dass ein gesundes Gleichgewicht von Bakterien in unserem Darm wesentlich ist für die Aufrechterhaltung nicht nur der körperlichen, sondern auch der geistigen Gesundheit. Probiotika helfen, dieses Gleichgewicht zu fördern, indem sie die Vermehrung nützlicher Bakterien unterstützen und schädliche Bakterien unterdrücken. Dies trägt dazu bei, eine gesunde Darmflora zu erhalten, die entscheidend ist für die effiziente Aufnahme von Nährstoffen, die Bekämpfung von Infektionen und die Unterstützung eines gesunden Immunsystems.

Doch die Vorteile von Probiotika erstrecken sich auch auf die psychische Gesundheit. Studien haben gezeigt, dass Probiotika positiv auf Bedingungen wie Depression, Angst und sogar Stress reagieren können. Durch die Interaktion mit dem zentralen Nervensystem über die Darm-Hirn-Achse können Probiotika die Produktion und Regulierung von wichtigen Neurotransmittern und entzündungshemmenden Signalen beeinflussen, die direkt unsere Stimmung und Emotionen steuern.

Es ist faszinierend zu erkennen, dass etwas so Kleines wie die Bakterien in unserem Darm einen so enormen Einfluss auf unsere Gehirnfunktion und unser emotionales Wohlbefinden haben kann. Die regelmäßige Einnahme von probiotischen Lebensmitteln wie Joghurt, Kefir, Sauerkraut und anderen fermentierten Produkten kann helfen, die Darmflora zu stärken und das Wohlbefinden zu fördern. Für diejenigen, die ihre Ernährung ergänzen möchten, bieten Probiotika-Supplemente eine bequeme und effektive Möglichkeit, die Vorteile dieser kraftvollen Mikroorganismen zu nutzen.

Durch die Integration von Probiotika in Ihre tägliche Ernährung können Sie nicht nur die Gesundheit Ihres Darms unterstützen, sondern auch aktiv zur Verbesserung Ihrer mentalen Gesundheit beitragen. Dieser einfache Schritt kann eine tiefgreifende Auswirkung auf Ihr allgemeines Wohlbefinden und Ihre Lebensqualität haben, indem er nicht nur Ihren Körper, sondern auch Ihren Geist nährt.

In Anbetracht dieser Erkenntnisse ist es klar, dass die Förderung eines gesunden Darmmikrobioms durch Probiotika eine effektive und natürliche Strategie darstellt, um sowohl die psychische als auch die physische Gesundheit zu unterstützen. Indem wir diese Zusammenhänge verstehen und nutzen, können wir einen ganzheitlichen Ansatz für Gesundheit und Wohlbefinden fördern, der die untrennbare Verbindung zwischen unserem Darm und unserem Gehirn berücksichtigt. Warum also nicht heute damit beginnen, Probiotika in Ihre Ernährung aufzunehmen, um Ihren Weg zu einem gesünderen, glücklicheren Leben zu ebnen?

Nahrungsmittel, die das Denken verbessern

Probiotika sind nicht nur ein Hype – sie sind eine wissenschaftlich fundierte Methode, um unser Wohlbefinden zu verbessern, insbesondere wenn es um kognitive Funktionen und geistige Gesundheit geht. Diese winzigen, aber mächtigen Mikroorganismen können tatsächlich die Art und Weise verändern, wie unser Gehirn funktioniert, indem sie positiv auf unser Darmmikrobiom einwirken. Das Konzept mag zunächst weit hergeholt erscheinen, doch die Verbindung zwischen Darm und Gehirn ist durch zahlreiche Studien gut dokumentiert und bietet spannende Möglichkeiten, die Gesundheit auf eine ganz natürliche Weise zu fördern.

Die regelmäßige Aufnahme von probiotischen Lebensmitteln und Ergänzungsmitteln kann eine direkte Auswirkung auf das Gehirn haben. Diese Effekte sind so bedeutsam, dass einige Wissenschaftler Probiotika als potenzielle Behandlung für Erkrankungen wie Depression, Angstzustände und sogar Alzheimer in Betracht ziehen. Das liegt daran, dass Probiotika das Potenzial haben, Entzündungsprozesse im Körper zu reduzieren, die mit einer Reihe von psychischen und neurodegenerativen Erkrankungen verbunden sind.

Indem Probiotika die Gesundheit des Darmmikrobioms verbessern, können sie auch die Produktion und Funktion von Neurotransmittern wie Serotonin und Dopamin unterstützen, die maßgeblich unsere Stimmung und unser emotionales Wohlbefinden beeinflussen. Etwa 90% des körpereigenen Serotonins, ein Neurotransmitter, der oft als „Glückshormon“ bezeichnet wird, wird im Darm produziert. Ein gesundes Darmmikrobiom ist also essentiell für ein gesundes Gehirn.

Darüber hinaus helfen Probiotika, die Integrität der Darmschleimhaut zu erhalten, was entscheidend ist, um zu verhindern, dass Toxine und schädliche Bakterien in den Blutkreislauf gelangen und Entzündungen verursachen, die das Gehirn beeinträchtigen können. Eine starke, gesunde Darmschleimhaut trägt zur Aufrechterhaltung einer klaren Grenze zwischen dem, was in unserem Körper bleibt und was ausgeschieden wird, bei und minimiert so das Risiko einer „leaky gut“, einer undichten Darmwand, die mit verschiedenen chronischen Gesundheitszuständen verbunden ist.

Die praktische Integration von Probiotika in die tägliche Ernährung kann durch den Verzehr von fermentierten Lebensmitteln wie Joghurt, Kefir, Sauerkraut und Kimchi erfolgen. Für diejenigen, die keinen Zugang zu qualitativ hochwertigen fermentierten Lebensmitteln haben oder bestimmte diätetische Einschränkungen beachten müssen, bieten probiotische Ergänzungen eine wertvolle Alternative. Diese Supplements sind in verschiedenen Formen erhältlich und können eine gezielte Dosis probiotischer Stämme bieten, die speziell für die Unterstützung der Gehirngesundheit ausgewählt wurden.

Die Investition in Ihre Darmgesundheit durch Probiotika ist eine kluge Entscheidung für jeden, der nicht nur seine Verdauung, sondern auch seine geistige Klarheit und emotionale Resilienz verbessern möchte. Mit zunehmender Forschung und Verständnis der mikrobiellen Einflüsse auf unser Gehirn wird deutlich, dass unsere Ernährungsgewohnheiten und die Wahl der Lebensmittel, die wir treffen, direkt zu unserer geistigen Gesundheit und unserem allgemeinen Wohlbefinden beitragen können.

Bedeutung von Aminosäuren für das Gehirn

Die Bedeutung von Aminosäuren für das Gehirn kann gar nicht genug betont werden. Diese organischen Verbindungen sind die Bausteine der Proteine und spielen eine entscheidende Rolle in fast jedem System unseres Körpers, einschließlich des Gehirns und des Nervensystems. Aminosäuren sind nicht nur wesentlich für die Synthese von Proteinen, sondern auch für die Produktion von Neurotransmittern, die für die Kommunikation im Gehirn unerlässlich sind. Dies macht sie zu einem Schlüsselelement in der Diskussion über Ernährung und mentale Gesundheit.

Eines der überzeugendsten Argumente für die Bedeutung von Aminosäuren liegt in ihrer Fähigkeit, die Gehirnfunktion direkt zu beeinflussen. Zum Beispiel ist Tryptophan eine Aminosäure, die im Körper zu Serotonin umgewandelt wird, einem Neurotransmitter, der oft als das "Wohlfühl-Hormon" bezeichnet wird. Serotonin beeinflusst viele Aspekte unseres Lebens, von Stimmung und Schlaf bis hin zu Appetit und Schmerzempfinden. Eine Ernährung, die reich an Tryptophan ist, kann also helfen, Serotoninspiegel aufzubauen und zu erhalten, was direkt zur Linderung von Depressionen und zur Verbesserung der allgemeinen Stimmung beitragen kann.

Weiterhin ist Tyrosin eine andere Aminosäure, die für die Produktion von Dopamin, Noradrenalin und Adrenalin wesentlich ist. Diese Neurotransmitter sind entscheidend für die Regulierung von Laune, Energie und Aufmerksamkeit. Ein Mangel an Tyrosin kann zu einer Verringerung der Neurotransmitter führen, was wiederum das Risiko für Stimmungsschwankungen und depressive Zustände erhöhen kann. Durch die Erhöhung der Zufuhr von tyrosinreichen Lebensmitteln wie Käse, Soja, Nüssen, Samen und

Fleisch kann man die Produktion dieser wichtigen Neurotransmitter unterstützen.

Die Wirkung von Aminosäuren beschränkt sich nicht nur auf die Neurotransmitterproduktion. Sie sind auch entscheidend für die allgemeine Gesundheit des Gehirns und den Schutz seiner Struktur. Glutamin zum Beispiel ist eine Aminosäure, die hilft, das Gehirn vor Ammoniaktoxizität zu schützen. Glutamin dient zudem als Energiequelle für das Gehirn und unterstützt die kognitive Funktion und die neuronale Integrität.

Es ist klar, dass die richtige Aufnahme und das Gleichgewicht von Aminosäuren in der Ernährung wesentlich sind, um das optimale Funktionieren des Gehirns zu gewährleisten und psychische Störungen zu vermeiden. Die Integration aminosäurereicher Lebensmittel in die tägliche Ernährung ist eine einfache, aber wirkungsvolle Maßnahme, die jeder treffen kann, um seine geistige Gesundheit und sein allgemeines Wohlbefinden zu fördern.

Das Bewusstsein für die Rolle von Aminosäuren in der Ernährungspsychologie wächst stetig, und die Forschung liefert immer mehr Beweise für ihre Bedeutung. Indem wir die Aufnahme dieser kritischen Nährstoffe durch eine ausgewogene Ernährung sicherstellen, können

Kapitel 3: Diät und emotionale Gesundheit

Negative Effekte von Zucker und Fertiggerichten

Die Auswirkungen von Zucker und verarbeiteten Lebensmitteln auf unsere Gesundheit sind dramatisch und gut dokumentiert, doch viele von uns unterschätzen noch immer, wie tiefgreifend diese Einflüsse auf unsere emotionale und mentale Gesundheit sind. In der heutigen Gesellschaft, wo schnelle Snacks und Fertiggerichte allgegenwärtig sind, ist es entscheidend, sich der langfristigen Konsequenzen solcher Ernährungsgewohnheiten bewusst zu werden.

Zucker und verarbeitete Lebensmittel können kurzfristig Genuss und Bequemlichkeit bieten, doch sie führen oft zu einem raschen Anstieg und Abfall des Blutzuckerspiegels, bekannt als "Zucker-Crash". Dieser Zyklus ist nicht nur schädlich für Ihre körperliche Gesundheit, er beeinträchtigt auch Ihre Stimmung und mentale Klarheit. Studien zeigen, dass ein hoher Konsum von Zucker und verarbeiteten Lebensmitteln mit einem erhöhten Risiko für Depressionen und Angstzustände verbunden ist. Diese Nahrungsmittel führen zu Entzündungsreaktionen im Körper, die auch das Gehirn beeinflussen können, was wiederum zu Stimmungsschwankungen und emotionaler Instabilität führt.

Die Art und Weise, wie Zucker unser Gehirn beeinflusst, ähnelt in vielerlei Hinsicht der Wirkung von Drogen, indem er das Belohnungszentrum stimuliert und zu einem kurzfristigen Gefühl von Glück oder Euphorie führt. Dies kann zu einer Abhängigkeit führen, bei der Ihr Körper und Ihr Geist ständig nach dem nächsten "Zucker-Hoch" verlangen, was eine schädliche Spirale von Heißhunger und Überkonsum in Gang setzt. Diese Zyklen können schwer zu durchbrechen sein und haben oft verheerende Auswirkungen auf die langfristige Gesundheit und das Wohlbefinden.

Auf der anderen Seite zeigen Forschungen, dass eine Ernährung, die reich an unverarbeiteten Lebensmitteln, frischem Obst und Gemüse, Vollkornprodukten und gesunden Proteinen ist, das Risiko für psychische Erkrankungen verringern kann. Solche Lebensmittel liefern nicht nur wichtige Nährstoffe, die für die Gesundheit des Gehirns notwendig sind, sondern sorgen auch für einen stabilen und gleichmäßigen Blutzuckerspiegel, der entscheidend für die Aufrechterhaltung einer guten mentalen Gesundheit ist.

Es ist also an der Zeit, unsere Ernährungsgewohnheiten zu überdenken und bewusste Entscheidungen zu treffen, die nicht nur unseren Körper, sondern auch unseren Geist nähren. Indem wir den Konsum von Zucker und verarbeiteten Lebensmitteln reduzieren und stattdessen nährstoffreiche, unverarbeitete Lebensmittel wählen, können wir nicht nur unsere körperliche Gesundheit verbessern, sondern auch unser emotionales Gleichgewicht und unsere mentale Klarheit stärken. Dieser Schritt ist nicht nur eine Investition in Ihre körperliche Gesundheit, sondern auch in Ihre mentale Resilienz und Ihr allgemeines Wohlbefinden.

Zusammenhang zwischen Blutzucker und Laune

Die Aufrechterhaltung eines stabilen Blutzuckerspiegels ist nicht nur entscheidend für Ihre körperliche Gesundheit, sondern spielt auch eine zentrale Rolle für Ihre psychische Stabilität und Ihr emotionales Wohlbefinden. Schwankungen im Blutzuckerspiegel können eine Achterbahnfahrt der Stimmungen auslösen, von irritierenden Energieeinbrüchen bis hin zu plötzlichen Gefühlsschwankungen. Diese Schwankungen sind nicht nur unangenehm, sondern können langfristig auch ernsthafte gesundheitliche Probleme wie Diabetes, Herzerkrankungen und beeinträchtigte Gehirnfunktionen begünstigen.

Ein stabiler Blutzuckerspiegel sorgt für eine gleichmäßige Versorgung Ihres Körpers und Gehirns mit Energie, was für die Aufrechterhaltung der Konzentration, für gute Stimmung und für die allgemeine geistige Klarheit unerlässlich ist. Nahrungsmittel, die reich an schnellen Zuckern sind, wie Süßigkeiten, Softdrinks und hochverarbeitete Snacks, können den Blutzucker schnell in die Höhe treiben und ebenso schnell wieder abfallen lassen, was zu Müdigkeit und Reizbarkeit führt. Dieser "Zucker-Crash" kann Ihre Fähigkeit, klare Entscheidungen zu treffen und emotional ausgeglichen zu bleiben, erheblich beeinträchtigen.

Die Bedeutung eines stabilen Blutzuckers kann besonders im Kontext von Stress und Angst gesehen werden. Studien haben gezeigt, dass eine Ernährung, die den Blutzuckerspiegel stabil hält, helfen kann, die Symptome von Angst und Depression zu mildern. Eine Ernährung, die reich an komplexen Kohlenhydraten, gesunden Fetten und hochwertigen Proteinen ist, fördert eine langsame und gleichmäßige Freisetzung von Glukose in den Blutkreislauf, was zu einer besseren Stimmungsregulierung und erhöhter mentaler Ausdauer führt.

Lebensmittel, die Ihnen helfen können, einen stabilen Blutzuckerspiegel zu bewahren, umfassen Vollkornprodukte, Hülsenfrüchte, Nüsse, Samen, und reichlich Gemüse. Diese Lebensmittel enthalten nicht nur wichtige Nährstoffe, die für die Gesundheit des Gehirns und die allgemeine Körpergesundheit unerlässlich sind, sondern auch Ballaststoffe, die helfen, den Zucker langsam in Ihr System freizusetzen. Dies verhindert die Spitzen und Täler im Blutzucker, die zu Stimmungsschwankungen führen können.

Es ist auch wichtig, regelmäßige Mahlzeiten zu sich zu nehmen und dabei Snacks zu vermeiden, die reich an Zucker und einfachen Kohlenhydraten sind. Das Überspringen von Mahlzeiten oder das lange Warten zwischen den Mahlzeiten kann zu einem starken Abfall des Blutzuckers führen, der zu Schwächegefühlen und Stimmungsschwankungen führt. Indem Sie regelmäßig und bewusst essen, können Sie sicherstellen, dass Ihr Körper und Ihr Gehirn stetig mit Energie versorgt werden, was zu einer besseren emotionalen und kognitiven Funktion führt.

In einer Welt, die schnelllebige Lösungen und sofortige Befriedigung fördert, ist es entscheidend, sich die Zeit zu nehmen, um bewusste Ernährungsentscheidungen zu treffen, die nicht nur Ihre physische, sondern auch Ihre psychische Gesundheit fördern. Indem Sie Ihre Ernährungsgewohnheiten anpassen, um einen stabilen Blutzuckerspiegel zu gewährleisten, investieren Sie in eine langfristige Grundlage für emotionale Stabilität und mentale Klarheit.

Entzündungshemmende Lebensmittel und ihre Vorteile für die Psyche

Ein verstärkter Fokus auf entzündungshemmende Diäten ist nicht nur ein Trend in der Ernährungswelt, sondern eine fundamentale Strategie zur Förderung des psychologischen Wohlbefindens. Die Verbindung zwischen Entzündungen im Körper und psychischen Erkrankungen wie Depressionen und Angstzuständen ist gut dokumentiert, wodurch die Bedeutung einer entzündungshemmenden Ernährung zunehmend ins Zentrum der Aufmerksamkeit rückt. Diese Diäten sind nicht nur für die körperliche Gesundheit entscheidend, sondern auch für die geistige und emotionale Stabilität.

Chronische Entzündungen können die Produktion und Funktion von Neurotransmittern im Gehirn beeinträchtigen und die Blut-Hirn-Schranke stören, was zu kognitiven Beeinträchtigungen und Stimmungsschwankungen führen kann. Durch die Reduzierung entzündlicher Prozesse im Körper mit einer gezielten Ernährung kann man direkt zur Stabilisierung der Gehirnfunktion und Verbesserung der psychischen Gesundheit beitragen. Entzündungshemmende Lebensmittel wie Omega-3-Fettsäuren, die in fettem Fisch, Leinsamen und Walnüssen zu finden sind, haben sich als besonders wirkungsvoll erwiesen, um Entzündungen zu bekämpfen und das Risiko für psychische Störungen zu senken.

Darüber hinaus sind Lebensmittel, die reich an Antioxidantien sind, wie Beeren, dunkles Blattgemüse und Kurkuma, ebenfalls entscheidend für die Verringerung von Entzündungen. Diese Nährstoffe schützen die Zellen vor oxidativem Stress und unterstützen die körpereigenen Abwehrmechanismen gegen Entzündungen. Eine regelmäßige Aufnahme dieser Lebensmittel kann die allgemeine Entzündungslast im Körper reduzieren und so zur emotionalen und kognitiven Gesundheit beitragen.

Auch Ballaststoffe spielen eine wichtige Rolle in einer entzündungshemmenden Diät. Sie unterstützen nicht nur die Verdauung und regulieren den Blutzuckerspiegel, sondern fördern auch ein gesundes Darmmikrobiom, welches eng mit dem Immunsystem und entzündlichen Prozessen im Körper verbunden ist. Eine Ernährung, die reich an komplexen Kohlenhydraten wie Vollkornprodukten, Hülsenfrüchten und Wurzelgemüse ist, kann helfen, die Darmgesundheit zu fördern und Entzündungen zu reduzieren.

Die Implementierung einer entzündungshemmenden Diät erfordert ein Umdenken in der Art und Weise, wie wir über Essen denken. Es geht nicht nur darum, bestimmte Lebensmittel zu vermeiden, sondern vielmehr darum, eine ausgewogene und nährstoffreiche Ernährung zu fördern, die den Körper in seiner Gesamtheit unterstützt. Dieser Ansatz kann eine erhebliche Verbesserung der Lebensqualität bewirken, indem er nicht nur körperliche Beschwerden lindert, sondern auch eine stabile und positive psychische Gesundheit fördert.

Indem wir bewusst entzündungshemmende Lebensmittel in unsere täglichen Mahlzeiten integrieren, können wir aktiv unser Wohlbefinden verbessern und unsere geistige Gesundheit schützen. Diese Ernährungsweise ermöglicht es uns, präventiv gegen psychische Störungen vorzugehen und einen starken, widerstandsfähigen Körper zu fördern, der besser gegen die Herausforderungen des Lebens gerüstet ist.

Wie Lebensmittelunverträglichkeiten die Stimmung beeinflussen

Die Verbindung zwischen Ernährung und Stimmung ist tiefgreifend und komplex, insbesondere wenn es um Lebensmittelunverträglichkeiten geht. Viele Menschen erleben, dass ihre emotionale und kognitive Gesundheit direkt beeinflusst wird durch die Nahrungsmittel, die sie konsumieren, oft ohne sich dessen bewusst zu sein. Die Identifizierung und das Management von Lebensmittelunverträglichkeiten ist daher nicht nur eine Frage der Verdauungsgesundheit, sondern kann auch einen wesentlichen Einfluss auf die psychische Gesundheit haben.

Lebensmittelunverträglichkeiten, die oft mit Symptomen wie Magen-Darm-Beschwerden, Hautausschlägen und Müdigkeit einhergehen, können auch weniger offensichtliche, psychische Symptome verursachen. Dazu gehören Stimmungsschwankungen, Depressionen und Angstzustände. Der Mechanismus dahinter ist vielschichtig, aber einer der Hauptfaktoren ist die Entzündungsreaktion, die bestimmte Nahrungsmittel im Körper auslösen können. Diese Entzündungen beeinflussen nicht nur den Körper, sondern auch das Gehirn, was zu Veränderungen in der Chemie und Funktion des Gehirns führen kann.

Die Auswirkungen von Gluten und Casein, beispielsweise, können bei einigen Individuen neurologische und psychische Reaktionen hervorrufen, die oft als "Gehirnnebel", Reizbarkeit oder sogar Depression fehlinterpretiert werden. Durch die Elimination dieser Bestandteile aus der Ernährung können viele Menschen eine erhebliche Verbesserung ihrer Stimmung und ihres geistigen Wohlbefindens erfahren. Es ist jedoch wichtig, solche Veränderungen unter der Aufsicht eines Gesundheitsdienstleisters vorzunehmen, um sicherzustellen, dass alle ernährungsphysiologischen Bedürfnisse weiterhin erfüllt werden.

Darüber hinaus kann die Sensitivität gegenüber Chemikalien und Zusatzstoffen in verarbeiteten Lebensmitteln, wie Mononatriumglutamat (MSG) und künstliche Farbstoffe, auch zu psychischen Symptomen führen. Diese Zusätze können bei empfindlichen Personen neurologische Störungen auslösen, was die Bedeutung einer sauberen, wenig verarbeiteten Ernährung unterstreicht. Indem man einfache, unverarbeitete Lebensmittel wählt, kann man nicht nur potenzielle Reizstoffe vermeiden, sondern auch die Aufnahme von nützlichen Nährstoffen maximieren, die die allgemeine Gehirn- und Körpergesundheit unterstützen.

Das Bewusstsein für die eigenen Körperreaktionen auf bestimmte Nahrungsmittel zu schärfen, ist ein kritischer Schritt zur Verbesserung der Lebensqualität. Ein Ernährungstagebuch zu führen, in dem Reaktionen auf verschiedene Nahrungsmittel notiert werden, kann ein effektives Werkzeug sein, um Muster zu identifizieren und die spezifischen Auslöser zu isolieren. Diese Informationen sind wertvoll, nicht nur für den Einzelnen, sondern auch für Ernährungsberater und Ärzte, die daran arbeiten, personalisierte Ernährungspläne zu entwickeln.

Indem Sie aktiv die Kontrolle über Ihre Ernährung und die Kenntnis Ihrer Lebensmittelunverträglichkeiten übernehmen, können Sie nicht nur Ihre körperliche Gesundheit, sondern auch Ihre psychische Stabilität erheblich verbessern. Dies führt zu einem volleren, gesünderen Leben, frei von den belastenden Auswirkungen unerkannter Nahrungsmittelempfindlichkeiten. Es ist ein lohnender Prozess, der zu einem tieferen Verständnis des eigenen Körpers und zu einer effektiveren Handhabung der eigenen Gesundheit führt.

Ernährungstipps zur Stressreduktion

Die Rolle der Ernährung im Umgang mit Stress kann nicht hoch genug eingeschätzt werden. In unserer schnelllebigen, oft überwältigenden Welt suchen wir ständig nach Wegen, um den täglichen Stress zu bewältigen. Was viele dabei übersehen: Die Antwort könnte direkt auf unserem Teller liegen. Eine bewusste Ernährung bietet eine starke Basis, um nicht nur unseren Körper, sondern auch unseren Geist zu stärken und uns gegen die schädlichen Auswirkungen von Stress zu wappnen.

Diätetische Ansätze zur Stressbewältigung konzentrieren sich darauf, den Körper mit allen notwendigen Mikro- und Makronährstoffen zu versorgen, die zur Unterstützung der neurologischen Funktionen und zur Verstärkung der psychischen Resilienz erforderlich sind. Ein wesentlicher Aspekt dabei ist die Stabilisierung des Blutzuckerspiegels durch eine ausgewogene Aufnahme von komplexen Kohlenhydraten, Proteinen und gesunden Fetten. Diese Nährstoffe haben eine direkte Wirkung auf unser endokrines System, das Stresshormone wie Cortisol reguliert, und tragen dazu bei, unsere emotionale Reaktion auf Stressoren zu modulieren.

Magnesium, häufig als "Anti-Stress-Mineral" bezeichnet, ist entscheidend für den Umgang mit Stress. Es ist an Hunderten von biochemischen Reaktionen im Körper beteiligt, einschließlich der Prozesse, die unsere Stressreaktionen steuern. Magnesiumreiche Lebensmittel wie Blattgemüse, Nüsse, Samen und Vollkornprodukte können helfen, die Magnesiumspeicher zu erhöhen und die körperliche und emotionale Reaktion auf Stress zu verbessern.

Auch Omega-3-Fettsäuren sind in diesem Zusammenhang nicht zu unterschätzen. Sie wirken entzündungshemmend und können helfen, die durch chronischen Stress verursachten Entzündungsreaktionen im Körper zu reduzieren. Studien haben gezeigt, dass Menschen, die regelmäßig Omega-3-Fettsäuren konsumieren, besser in der Lage sind, mit Stress umzugehen und eine niedrigere Rate an Depressionen und Angstzuständen aufweisen. Lebensmittel wie fetter Fisch, Leinsamen und Walnüsse sind hervorragende Quellen für Omega-3-Fettsäuren.

Ein weiterer wichtiger Nährstoff im Kampf gegen Stress ist Vitamin B, insbesondere B12 und Folsäure. Diese Vitamine spielen eine Schlüsselrolle bei der Synthese von Neurotransmittern, die das Wohlbefinden beeinflussen, wie Serotonin und Dopamin. Ein Mangel an diesen B-Vitaminen kann zu einer erhöhten Anfälligkeit für Stress führen. Durch den Verzehr von B-vitaminreichen Lebensmitteln wie Fleisch, Eiern, Milchprodukten und grünen Blattgemüsen kann man den Körper stärken und seine Fähigkeit verbessern, auf Stress zu reagieren.

Die Antioxidantien, insbesondere Vitamin C, sind ebenfalls unverzichtbar, wenn es darum geht, den Körper gegen die oxidative Belastung zu schützen, die Stress verursachen kann. Vitamin C ist nicht nur wichtig für das Immunsystem, sondern auch für die Verringerung der Cortisolproduktion. Früchte wie Orangen, Erdbeeren und Kiwis sowie Gemüse wie Paprika und Brokkoli sind ausgezeichnete Quellen für Vitamin C.

Durch die Integration dieser Nährstoffe in Ihre tägliche Ernährung können Sie eine natürliche Resilienz gegen Stress aufbauen, die Ihre Lebensqualität deutlich verbessert. Es geht darum, den Körper mit allem zu versorgen, was er benötigt, um psychische Belastungen effektiv zu managen und ein gesundes Gleichgewicht zu erhalten. Wählen Sie Ihre Lebensmittel weise – Ihr Körper und Ihr Geist werden es Ihnen danken.

Kapitel 4: Nachhaltige Ernährung und Selbstverwirklichung

Wie persönliche Werte die Lebensmittelauswahl beeinflussen

Die Entscheidungen, die wir täglich über unsere Ernährung treffen, sind oft mehr als nur einfache Vorlieben oder Gewohnheiten; sie spiegeln unsere persönlichen Werte und Überzeugungen wider. Wenn Sie sich bewusst dafür entscheiden, Lebensmittel auszuwählen, die nicht nur nahrhaft, sondern auch ethisch vertretbar sind, nehmen Sie eine mächtige Haltung ein, die weit über die eigene Gesundheit hinausgeht und tief in das Reich der Selbstverwirklichung und des persönlichen Ausdrucks reicht.

Das Konzept der „bewussten Ernährung" basiert auf der Idee, dass jedes Mal, wenn wir Lebensmittel kaufen oder konsumieren, wir eine Reihe von Entscheidungen treffen, die sowohl lokale als auch globale Auswirkungen haben. Diese Entscheidungen können Themen wie Umweltschutz, Tierwohl und soziale Gerechtigkeit umfassen. Indem Sie sich für lokale und saisonale Produkte entscheiden, unterstützen Sie nicht nur die lokale Wirtschaft, sondern verringern auch die Umweltauswirkungen, die mit dem langen Transport von Lebensmitteln verbunden sind. Dies fördert eine nachhaltigere Lebensmittelproduktion und reduziert Ihren ökologischen Fußabdruck.

Die Wahl von biologisch angebauten Lebensmitteln ist eine weitere Möglichkeit, Ihre Werte in die Praxis umzusetzen.

Biologische Landwirtschaft verzichtet auf den Einsatz von synthetischen Pestiziden und Düngemitteln, was nicht nur besser für den Boden und die lokale Fauna ist, sondern auch für die Bauern, die diese Felder bestellen. Indem Sie biologische Produkte wählen, tragen Sie zu einer gesünderen Umwelt bei und unterstützen landwirtschaftliche Methoden, die langfristig nachhaltig sind.

Zudem ist der faire Handel ein wichtiger Aspekt beim Kauf von Lebensmitteln, besonders bei Produkten, die üblicherweise aus Übersee importiert werden, wie Kaffee, Schokolade und Tee. Produkte, die als „Fair Trade“ zertifiziert sind, garantieren, dass die Produzenten und Arbeiter unter gerechten Bedingungen beschäftigt werden und angemessene Löhne erhalten. Dies fördert eine gerechtere Wirtschaftsstruktur und hilft, die Lebensqualität in einigen der ärmsten Regionen der Welt zu verbessern.Durch diese bewussten Entscheidungen zeigen Sie nicht nur Achtung vor der Umwelt und den Menschen, die Ihre Lebensmittel produzieren, sondern auch ein starkes Engagement für Ihre eigenen ethischen Überzeugungen. Dies kann Ihnen ein tieferes Gefühl der Zufriedenheit und des Zwecks im Leben verleihen, da Sie wissen, dass Ihre alltäglichen Handlungen im Einklang mit Ihren Werten stehen.

Das Streben nach einer Ernährung, die Ihre persönlichen Werte widerspiegelt, ist eine kraftvolle Art, sich selbst auszudrücken und einen positiven Einfluss auf die Welt zu nehmen. Es ist eine Reise, die über die einfache Auswahl von Lebensmitteln hinausgeht und in die Gestaltung einer gerechteren und nachhaltigeren Welt mündet. Durch bewusste Entscheidungen darüber, was auf Ihrem Teller landet, können Sie nicht nur Ihre Gesundheit verbessern, sondern auch ein Zeichen für die Art von Welt setzen, in der Sie leben möchten.

Vorteile von lokal und saisonal produzierten Lebensmitteln

Die Entscheidung, lokal und saisonal zu essen, ist mehr als nur eine kulinarische Vorliebe – es ist eine bewusste Wahl, die positive Auswirkungen auf unsere Gesundheit, unsere Gemeinschaft und unsere Umwelt hat. Wenn wir lokale Produkte wählen, unterstützen wir nicht nur die lokalen Bauern und stärken die Wirtschaft unserer Gemeinde, sondern wir treffen auch eine Entscheidung für Frische und Qualität, die oft verloren geht, wenn Lebensmittel über lange Strecken transportiert werden.

Lokal einkaufen bedeutet, sich auf die natürlichen Zyklen der Natur einzulassen, was bedeutet, dass die Lebensmittel, die wir essen, im Einklang mit den Jahreszeiten stehen. Diese Lebensmittel sind nicht nur auf dem Höhepunkt ihres Geschmacks, sondern auch ihrer Nährstoffdichte. Forschungen zeigen, dass Produkte, die zur richtigen Zeit geerntet und sofort verbraucht werden, höhere Gehalte an Vitaminen und Mineralstoffen haben. Zudem reduziert der Verzehr von saisonalen Lebensmitteln die Notwendigkeit für umfangreiche Konservierungsmethoden, die oft mit dem Verlust von Nährstoffen und manchmal auch mit dem Einsatz von Konservierungsstoffen verbunden sind.

Indem wir uns für lokale und saisonale Produkte entscheiden, leisten wir auch einen Beitrag zum Schutz unserer Umwelt. Transport, insbesondere über lange Strecken, ist einer der größten Treibhausgasemittenten im Lebensmittelsektor. Durch den Kauf lokaler Produkte können wir die mit dem Transport verbundenen Emissionen erheblich reduzieren. Dies trägt nicht nur zur Verringerung der globalen Erwärmung bei, sondern hilft auch, die Luftqualität in unserer Umgebung zu verbessern.

Außerdem fördert der lokale Kauf die Vielfalt auf den Feldern. Lokale Bauern neigen dazu, eine größere Vielfalt an Pflanzen anzubauen, als dies in der großflächigen Landwirtschaft der Fall ist. Dies fördert die Biodiversität, die für die Gesundheit unserer Ökosysteme von entscheidender Bedeutung ist. Es schützt den Boden und sorgt für ein gesünderes Ökosystem, das besser gegen Krankheiten und Schädlinge gewappnet ist.

Die Unterstützung lokaler Bauern stärkt nicht nur die Wirtschaft in Ihrer Region, sondern baut auch eine Verbindung zur Nahrungsquelle auf, die in der heutigen globalisierten Welt oft verloren geht. Der direkte Kauf bei Erzeugern ermöglicht Einblicke in die Produktionsmethoden und fördert transparente Praktiken in der Lebensmittelherstellung. Dies schafft ein Vertrauensverhältnis, das in der anonymen Welt des globalen Lebensmittelhandels selten geworden ist.

Wenn Sie also das nächste Mal Ihre Einkäufe planen, denken Sie daran, dass die Wahl von lokal und saisonal angebauten Lebensmitteln weit mehr als eine ernährungsphysiologische Entscheidung ist. Es ist eine Abstimmung mit Ihrer Gabel für eine nachhaltige Zukunft, eine stärkere Gemeinschaft und eine gesündere Umwelt. Es ist eine einfache, aber kraftvolle Möglichkeit, einen Unterschied zu machen, der weit über die Grenzen Ihres Tellers hinausgeht. Indem Sie lokale Bauern und saisonale Produkte unterstützen, sagen Sie Ja zu einer reicheren, verantwortungsvolleren und nachhaltigeren Welt.

Ethik und Ernährung

Die Wahl unserer Lebensmittel ist eine mächtige Form des Ausdrucks, die über die Grenzen unseres Küchentisches hinausgeht und tief in die ethischen Grundlagen unserer Gesellschaft hineinreicht. Wenn wir Entscheidungen über das treffen, was wir essen, wählen wir nicht nur, was unseren Körper nährt, sondern auch, welche Art von Welt wir unterstützen wollen. Ethische Überlegungen beim Lebensmittelkauf umfassen Aspekte wie Tierwohl, Arbeitsbedingungen und Umweltauswirkungen, und diese Entscheidungen haben langfristige Folgen für unseren Planeten und seine Bewohner.

Der Kauf von Produkten, die unter fairen Arbeitsbedingungen hergestellt wurden, ist ein entscheidender Schritt zur Förderung einer gerechteren Wirtschaft. Viele der Lebensmittel, die wir täglich konsumieren, wie Kaffee, Schokolade und Bananen, stammen oft aus Ländern, in denen Arbeitsstandards nicht immer eingehalten werden. Indem wir bewusst Produkte wählen, die fair gehandelt sind, können wir sicherstellen, dass die Produzenten, Bauern und Arbeiter gerecht entlohnt werden und unter akzeptablen Arbeitsbedingungen tätig sind. Dies unterstützt nicht nur die wirtschaftliche Entwicklung in diesen Regionen, sondern fördert auch soziale Gerechtigkeit und Nachhaltigkeit.

Ebenso spielt das Wohlergehen der Tiere eine wichtige Rolle in der ethischen Ernährung. Die Entscheidung für Produkte von Tieren, die artgerecht gehalten wurden, stellt sicher, dass wir nicht zur Nachfrage nach industriell gefertigten Tierprodukten beitragen, bei denen Tiere oft unter inakzeptablen Bedingungen leben. Diese Wahl beeinflusst nicht nur die Lebensqualität der Tiere, sondern hat auch Auswirkungen auf die Qualität der Produkte, die wir konsumieren. Biologische und verantwortungsvoll gewonnene tierische Produkte sind oft nährstoffreicher und frei von schädlichen Zusätzen, die in der industriellen Tierhaltung üblich sind.

Außerdem sind die ökologischen Auswirkungen unserer Ernährungsgewohnheiten von enormer Bedeutung. Die Entscheidung für lokal produzierte und biologisch angebaute Lebensmittel kann die Umweltbelastung erheblich reduzieren. Industrielle Landwirtschaftsmethoden, die auf den Einsatz von Chemikalien und nicht nachhaltigen Praktiken angewiesen sind, führen zu Bodenerosion, Wasserverschmutzung und einem Verlust an Biodiversität. Indem wir uns für ökologische Produkte entscheiden, unterstützen wir Landwirtschaftsmethoden, die den Boden schützen, die Wasserressourcen erhalten und die biologische Vielfalt fördern.

Die Wahl, ethisch zu essen, ist nicht immer einfach und oft mit höheren Kosten verbunden, aber sie ist eine Investition in die Zukunft unseres Planeten und in das Wohlergehen seiner Bewohner. Jeder Kauf ist eine Stimme für die Art von Welt, in der wir leben möchten. Es geht darum, Verantwortung zu übernehmen für unseren Einfluss auf die Erde und ihre Bewohner und bewusste Entscheidungen zu treffen, die nicht nur unser eigenes Wohlbefinden, sondern auch das der kommenden Generationen fördern.

In einer Welt, in der Konsum und Komfort oft über die Bedürfnisse der Umwelt und der gerechten Behandlung anderer gestellt werden, ist es entscheidend, dass wir als Konsumenten unsere Macht nutzen, um positive Veränderungen zu fördern. Indem wir ethische Überlegungen in unsere Ernährungsentscheidungen einbeziehen, können wir helfen, eine nachhaltigere, gerechtere und gesündere Welt zu schaffen.

Umweltbewusst essen

Die Entscheidung, umweltbewusst zu essen, ist mehr als nur eine persönliche Vorliebe; es ist ein entscheidender Beitrag zum globalen Umweltschutz. Jede Mahlzeit bietet die Möglichkeit, unseren Planeten zu schützen, indem wir bewusste Entscheidungen darüber treffen, was auf unseren Tellern landet. Dies ist besonders relevant in einer Zeit, in der der Umweltschutz angesichts des Klimawandels und der Ressourcenknappheit dringender denn je ist.

Die Wahl von Lebensmitteln, die umweltfreundlich produziert werden, minimiert die Belastung der Erde und fördert nachhaltige Praktiken in der Landwirtschaft. Zum Beispiel reduziert der Verzehr von biologisch angebauten Lebensmitteln die Menge an Pestiziden und chemischen Düngemitteln, die in die Umwelt gelangen. Diese Chemikalien können erhebliche Schäden anrichten, indem sie das Wasser verunreinigen, die Bodenqualität beeinträchtigen und die Biodiversität bedrohen. Indem wir Bio-Produkte wählen, unterstützen wir Landwirtschaftsmethoden, die den Boden gesund halten und das Ökosystem bewahren.

Des Weiteren spielt der Konsum von lokal produzierten Lebensmitteln eine wichtige Rolle beim Umweltschutz. Der Transport von Lebensmitteln über lange Strecken verbraucht erhebliche Mengen an fossilen Brennstoffen und erzeugt Treibhausgase, die zur globalen Erwärmung beitragen. Durch den Kauf von lokalen Produkten verringern wir unseren CO2-Fußabdruck und unterstützen gleichzeitig die lokale Wirtschaft. Dies fördert nicht nur die Nachhaltigkeit, sondern stärkt auch die Resilienz lokaler Gemeinschaften gegenüber globalen Marktveränderungen.

Darüber hinaus kann die Entscheidung für pflanzliche Lebensmittel die Umweltauswirkungen erheblich reduzieren. Die Produktion tierischer Produkte benötigt im Vergleich zu pflanzlichen Produkten deutlich mehr Ressourcen, einschließlich Wasser, Land und Energie. Die Viehzucht ist auch eine der Hauptquellen für Methanemissionen, ein Treibhausgas, das noch wirkungsvoller ist als Kohlendioxid. Eine Ernährung, die reich an pflanzlichen Lebensmitteln ist, kann den Wasserfußabdruck verringern und zur Verringerung der Entwaldung beitragen, indem weniger Land für die Tierhaltung benötigt wird.

Die Verringerung der Lebensmittelverschwendung ist ein weiterer kritischer Aspekt eines umweltbewussten Essverhaltens. Ein großer Teil der weltweit produzierten Lebensmittel wird nie verzehrt, was eine enorme Verschwendung von Ressourcen und eine unnötige Produktion von Treibhausgasen bedeutet. Durch sorgfältige Planung, Einkauf und Lagerung können wir die Menge der Lebensmittel, die wir wegwerfen, minimieren und damit einen direkten Beitrag zur Schonung der Umwelt leisten.

Letztlich ist das umweltbewusste Essen eine Investition in die Zukunft unseres Planeten. Jede Entscheidung, die wir treffen – von der Wahl der Lebensmittel über die Art und Weise, wie sie produziert und transportiert werden, bis hin zu unserer Einstellung zur Lebensmittelverschwendung – kann helfen, den ökologischen Fußabdruck zu verringern und einen nachhaltigen Lebensstil zu fördern. Indem wir als Verbraucher unsere Ernährungsgewohnheiten überdenken und uns für umweltfreundlichere Optionen entscheiden, spielen wir eine aktive Rolle im Kampf gegen den Klimawandel und tragen dazu bei, die natürlichen Ressourcen für zukünftige Generationen zu bewahren.

Vorteile von Bio-Lebensmitteln für die Psyche

Die Entscheidung für biologische Lebensmittel ist nicht nur ein Trend, sondern eine bewusste Wahl für Gesundheit und Umweltschutz. Biologisch angebaute Lebensmittel kommen ohne die Verwendung von synthetischen Pestiziden und Düngemitteln aus, was bedeutet, dass sie weniger Rückstände dieser Chemikalien enthalten. Dies hat nicht nur Vorteile für Ihre persönliche Gesundheit, indem es das Risiko von Chemikalienexpositionen reduziert, sondern unterstützt auch nachhaltige Landwirtschaftspraktiken, die wesentlich zur Erhaltung unserer natürlichen Ressourcen beitragen.

Biologische Landwirtschaft berücksichtigt die langfristige Bodengesundheit und setzt auf Techniken wie Fruchtwechsel, grüne Düngung und biologische Schädlingsbekämpfung, die dazu beitragen, die Biodiversität zu fördern und die Ökosysteme zu erhalten. Indem Sie biologische Produkte wählen, unterstützen Sie Landwirtschaftsmethoden, die darauf abzielen, die Umwelt weniger zu belasten und die Bodenfruchtbarkeit für zukünftige Generationen zu verbessern.

Darüber hinaus zeigen Studien, dass biologische Lebensmittel möglicherweise höhere Nährstoffgehalte aufweisen. Zum Beispiel können biologisch angebaute Früchte und Gemüse höhere Gehalte an bestimmten Antioxidantien und Vitaminen haben, was sie zu einer besseren Wahl für Ihre Ernährung macht. Diese Nährstoffe sind entscheidend für die Unterstützung des Immunsystems und die Reduzierung des Risikos von chronischen Krankheiten wie Herzkrankheiten und Krebs.

Der Kauf von Bio-Lebensmitteln sendet auch ein starkes Signal an Lebensmittelhersteller und Einzelhändler über Verbraucherpräferenzen, die nachhaltige und ethische Praktiken fördern. Dies kann langfristig dazu beitragen, dass mehr Ressourcen in die Forschung und Entwicklung nachhaltiger Anbaumethoden investiert werden, was die Landwirtschaft insgesamt umweltfreundlicher macht.

Außerdem spielen Bio-Lebensmittel eine wichtige Rolle bei der Förderung der Tiergesundheit und des Wohlbefindens. Biologische Standards erfordern, dass Tiere unter Bedingungen gehalten werden, die ihrem natürlichen Verhalten eher entsprechen, mit Zugang zu Freiland und ohne den Einsatz von Wachstumshormonen oder routinemäßig verabreichten Antibiotika. Dies führt nicht nur zu einer ethischeren Behandlung von Nutztieren, sondern auch zu Fleisch- und Milchprodukten von höherer Qualität.

Durch die Entscheidung für biologische Lebensmittel können Sie also nicht nur Ihre eigene Gesundheit schützen, sondern auch einen Beitrag zum Schutz der Umwelt leisten. Sie helfen dabei, die Nachfrage nach nachhaltiger produzierten Lebensmitteln zu steigern und fördern eine Landwirtschaft, die auf langfristige ökologische Stabilität und ethische Verantwortung ausgerichtet ist. Diese Wahl hat weitreichende Auswirkungen auf die Lebensmittelproduktion und -verteilung und unterstützt das Ziel, eine gesündere und gerechtere Welt zu schaffen.

Kapitel 5: Ernährungsstrategien für mentale Klarheit und Konzentration

Ernährungspläne zur Steigerung der Gehirnleistung

Ein klarer Geist und eine scharfe Konzentration sind unerlässlich, um die Herausforderungen des modernen Lebens zu meistern. Unsere mentale Klarheit und Konzentrationsfähigkeit können jedoch stark von unserer Ernährung beeinflusst werden. Durch die Erstellung eines Mahlzeitenplans, der speziell auf die Förderung des Gehirns ausgerichtet ist, können wir unsere kognitive Funktion verbessern. Dabei spielt nicht nur eine Rolle, was wir essen, sondern auch, wie wir essen.

Die Basis eines gehirnfördernden Mahlzeitenplans besteht aus einer ausgewogenen Kombination von Nährstoffen, die direkt die kognitive Gesundheit unterstützen. Omega-3-Fettsäuren, Antioxidantien, B-Vitamine und komplexe Kohlenhydrate sind nur einige Beispiele für Schlüsselkomponenten, die in einem solchen Ernährungsplan nicht fehlen dürfen. Omega-3-Fettsäuren, die reichlich in Fisch wie Lachs und in Nüssen wie Walnüssen vorhanden sind, sind bekannt für ihre entzündungshemmenden Eigenschaften und ihre Fähigkeit, die Struktur der Gehirnzellen zu unterstützen. Dies trägt zur Verbesserung der neuronalen Signalübertragung bei, was direkt die kognitive Funktion und die Gedächtnisleistung beeinflusst.

Antioxidantien spielen ebenfalls eine wichtige Rolle, indem sie die Zellen vor oxidativem Stress schützen, der zu kognitivem Abbau führen kann. Lebensmittel wie Blaubeeren, Spinat und dunkle Schokolade sind reich an diesen wichtigen Molekülen und sollten regelmäßig in die Ernährung integriert werden. B-Vitamine, insbesondere B12, sind entscheidend für die Funktion des Nervensystems und können in Lebensmitteln wie Fleisch, Eiern und Milchprodukten gefunden werden. Sie tragen zur Myelinscheidenbildung bei, die für die schnelle Signalübertragung im Gehirn notwendig ist.

Komplexe Kohlenhydrate sind eine weitere Säule in einem gehirnfördernden Ernährungsplan. Sie liefern eine gleichmäßige Energiequelle, die hilft, den Blutzuckerspiegel stabil zu halten und Schwankungen der mentalen Energie zu vermeiden. Vollkornprodukte, Hülsenfrüchte und stärkehaltiges Gemüse wie Süßkartoffeln sind ausgezeichnete Quellen für diese Art von Kohlenhydraten.

Neben der Auswahl der richtigen Lebensmittel ist auch das Timing der Mahlzeiten wichtig. Regelmäßige, gut abgestimmte Mahlzeiten helfen, den Energiestoffwechsel zu stabilisieren und verhindern Heißhungerattacken, die unsere kognitive Funktion beeinträchtigen können. Ein konstantes Energieniveau ermöglicht es dem Gehirn, auf seinem optimalen Niveau zu funktionieren. Dazu gehört auch das Einplanen von Snacks, die reich an Proteinen und gesunden Fetten sind, um die Energie zwischen den Hauptmahlzeiten aufrechtzuerhalten.

Durch die Umsetzung eines solchen Mahlzeitenplans nicht nur gelegentlich, sondern als Teil eines beständigen Lebensstils, können Sie Ihre mentale Leistungsfähigkeit dauerhaft verbessern. Dies führt zu besserer Konzentration, verbesserter Problemlösungsfähigkeit und einer insgesamt erhöhten Produktivität, sei es im Beruf oder im Alltag. Letztlich ist es die Qualität unserer Ernährung, die die Qualität unseres Denkens bestimmt, und durch bewusste Ernährungsentscheidungen können wir einen bedeutenden Einfluss auf unsere geistige Klarheit und unser Wohlbefinden nehmen.

Wichtige Nährstoffe für ein gesundes Gehirn

Die Erhaltung der Gehirngesundheit ist essentiell, nicht nur für das Lernen und Gedächtnis, sondern auch für die allgemeine Lebensqualität. Vitamine und Mineralien spielen dabei eine entscheidende Rolle, indem sie die Grundbausteine für die Entwicklung, Funktion und den Schutz unseres Nervensystems liefern. Eine ausreichende Zufuhr dieser Nährstoffe ist entscheidend, um das Gehirn vor Schäden zu schützen und seine Leistungsfähigkeit zu maximieren.

Vitamin B12, oft als das "Gehirnvitamin" bezeichnet, ist von besonderer Bedeutung. Es ist unerlässlich für die Aufrechterhaltung der Nervengesundheit und unterstützt die Funktionen des Nervensystems. Ein Mangel an Vitamin B12 kann zu Gedächtnisverlust und kognitiven Einschränkungen führen. Da Vitamin B12 hauptsächlich in tierischen Produkten wie Fleisch, Milch und Eiern vorkommt, ist es besonders wichtig, dass Vegetarier und Veganer auf alternative Quellen oder Supplements achten, um ihren Bedarf zu decken.

Ein weiteres kritisches Vitamin für das Gehirn ist Vitamin D. Obwohl es am bekanntesten für seine Rolle in der Knochengesundheit ist, hat Vitamin D auch starke Verbindungen zur Gehirnfunktion. Forschungen zeigen, dass es bei der Regulierung von Enzymen im Gehirn beteiligt ist, die an der Neurotransmitter-Synthese und dem Nervenwachstum beteiligt sind. Ein Mangel an Vitamin D wurde mit einem erhöhten Risiko für verschiedene neurologische Störungen in Verbindung gebracht, einschließlich Alzheimer und Depressionen.

Magnesium ist ein weiterer Schlüsselnährstoff für das Gehirn. Es hilft bei der Regulierung von Neurotransmittern, die Signale im Gehirn und im ganzen Körper senden. Dieses Mineral spielt auch eine wichtige Rolle bei der Prävention von Exzitotoxizität, einem Zustand, bei dem Nervenzellen durch übermäßige Stimulation beschädigt werden, was zu neurologischen Erkrankungen führen kann. Magnesiumreiche Lebensmittel wie Nüsse, Samen, dunkelgrünes Blattgemüse und Vollkornprodukte sollten regelmäßig konsumiert werden, um die Gehirngesundheit zu unterstützen.

Zink ist ebenfalls entscheidend für die Gehirnfunktion. Es ist entscheidend für die Neurotransmitter-Funktion und spielt eine Rolle bei der neuronalen Signalübertragung. Zinkmangel kann die Gehirnfunktion beeinträchtigen und zu einer Reihe von kognitiven Störungen führen. Lebensmittel wie Fleisch, Schalentiere, Milchprodukte und Vollkornprodukte sind ausgezeichnete Zinkquellen und sollten in eine ausgewogene Ernährung integriert werden.

Eine Ernährung, die reich an diesen Vitaminen und Mineralien ist, unterstützt nicht nur die kognitive Funktion und schützt das Gehirn vor Schäden, sondern verbessert auch die psychische Gesundheit. Eine ausreichende Versorgung mit diesen Nährstoffen kann helfen, Stimmungsschwankungen zu reduzieren und das allgemeine Wohlbefinden zu fördern.

Die Integration dieser Vitamine und Mineralien in Ihren täglichen Ernährungsplan kann dazu beitragen, Ihre mentale Klarheit und Konzentrationsfähigkeit zu verbessern. Es ist eine einfache, aber effektive Strategie, um nicht nur Ihre körperliche, sondern auch Ihre geistige Gesundheit zu pflegen. Indem Sie sich für eine nährstoffreiche Ernährung entscheiden, setzen Sie ein starkes Fundament für ein aktives, erfülltes und gesundes Leben.

Wasser trinken und Denkleistung

Die Bedeutung von Hydratation kann nicht genug betont werden, insbesondere wenn es um die kognitive Funktion und die allgemeine Gehirngesundheit geht. Wasser ist ein wesentlicher Bestandteil unseres Körpers, der etwa 60% des menschlichen Körpers ausmacht und eine entscheidende Rolle bei nahezu allen biologischen Prozessen spielt. Besonders für das Gehirn ist eine angemessene Flüssigkeitszufuhr von zentraler Bedeutung, da Dehydration die mentale Leistungsfähigkeit und Konzentration negativ beeinflussen kann.

Wasser ermöglicht den zellulären Stoffwechsel im Gehirn, unterstützt die Nährstoffversorgung und hilft bei der Entsorgung von Abfallprodukten. Wenn der Körper dehydriert ist, reduziert das Blutvolumen sich, und weniger Sauerstoff gelangt ins Gehirn. Dies führt zu Ermüdungserscheinungen und kann Symptome wie Kopfschmerzen, Schwindel und verminderte Aufmerksamkeit verursachen. Studien haben gezeigt, dass selbst eine milde Dehydration die Stimmung beeinträchtigen, die Gedächtnisleistung reduzieren und die Angst erhöhen kann.

Ein angemessener Wasserkonsum ist daher entscheidend, um das Gehirn optimal funktionieren zu lassen. Experten empfehlen, täglich mehrere Gläser Wasser zu trinken, wobei die genaue Menge von Faktoren wie Alter, Geschlecht, Gewicht, Klima und Aktivitätsniveau abhängt. Eine einfache Regel ist es, auf den eigenen Körper zu hören: Das Gefühl von Durst ist ein erstes Anzeichen für beginnende Dehydration.

Neben der reinen Wasseraufnahme ist es auch wichtig zu beachten, wie andere Getränke die Hydratation beeinflussen. Koffeinhaltige Getränke wie Kaffee und einige Teesorten können diuretische Effekte haben, obwohl sie in moderaten Mengen zur täglichen Flüssigkeitsaufnahme beitragen können. Alkoholische Getränke hingegen sind stark dehydrierend und sollten in Maßen genossen werden, insbesondere wenn optimale kognitive Funktionen gefragt sind.

Die Einbindung von wasserreichen Lebensmitteln in die Ernährung, wie Gurken, Tomaten, Wassermelonen und Orangen, ist eine weitere ausgezeichnete Möglichkeit, die Hydratation zu unterstützen. Diese Lebensmittel bieten nicht nur Wasser, sondern auch wichtige Elektrolyte und Vitamine, die helfen, das Flüssigkeitsgleichgewicht im Körper zu erhalten und die Nährstoffaufnahme zu verbessern.

Letztendlich ist die Aufrechterhaltung einer guten Hydratation eine einfache, aber effektive Methode, um die geistige Klarheit zu steigern, die Konzentration zu verbessern und die kognitive Leistung zu optimieren. Regelmäßiges Trinken von Wasser sollte eine Priorität für jeden sein, der seine kognitive Gesundheit und allgemeines Wohlbefinden verbessern möchte. Indem Sie darauf achten, genügend Flüssigkeit zu sich zu nehmen, können Sie sicherstellen, dass Ihr Gehirn auf höchstem Niveau arbeitet, bereit, jede Herausforderung effizient und effektiv zu meistern.

Tägliche Routinen für mehr Aufmerksamkeit

Die Etablierung täglicher Ernährungsroutinen, die die kognitive Funktion fördern, ist entscheidend für die Aufrechterhaltung der geistigen Leistungsfähigkeit und Konzentration. In einer Welt, in der Ablenkungen allgegenwärtig sind und der mentale Stress stetig zunimmt, können gezielte Ernährungsgewohnheiten einen bedeutenden Unterschied in der Art und Weise machen, wie unser Gehirn arbeitet und reagiert.

Eine effektive Strategie zur Steigerung der Aufmerksamkeit und zur Verbesserung der kognitiven Fähigkeiten ist die Integration von Mahlzeiten und Snacks, die reich an nährstoffdichten Lebensmitteln sind. Diese Lebensmittel enthalten essenzielle Fettsäuren, Antioxidantien, Vitamine und Mineralien, die direkt die Gehirnfunktion unterstützen und die mentale Klarheit fördern. Ein gleichmäßiger Verzehr dieser Nährstoffe über den Tag verteilt, hilft, Schwankungen im Blutzuckerspiegel zu vermeiden, die zu Müdigkeit und Konzentrationsschwäche führen können.

Zum Beispiel ist das Frühstück oft als die wichtigste Mahlzeit des Tages bekannt, insbesondere für die Gehirnleistung. Ein nährstoffreiches Frühstück, das komplexe Kohlenhydrate, gesunde Fette und Proteine enthält, kann die kognitive Funktion verbessern und die Energie gleichmäßig über den Vormittag verteilen. Haferflocken mit frischen Beeren und Nüssen, ein Smoothie mit Spinat, Avocado und einem Schuss Protein oder ein Vollkornbrot mit Erdnussbutter sind ausgezeichnete Optionen, um den Tag mit einem mentalen Schub zu beginnen.

Zwischenmahlzeiten sollten ebenfalls nicht unterschätzt werden. Sie dienen dazu, den Energielevel aufrechtzuerhalten und Heißhungerattacken vorzubeugen, die oft zu ungesunden Essentscheidungen führen. Snacks wie ein Apfel mit Mandelbutter, ein paar Karottenstifte mit Hummus oder eine Handvoll gemischte Nüsse bieten nicht nur wichtige Nährstoffe, sondern halten auch das Sättigungsgefühl aufrecht, was wiederum hilft, die Konzentration zu erhalten.

Das Mittag- und Abendessen sollten eine Kombination aus Proteinen, Fetten und Kohlenhydraten beinhalten, um die mentale Ausdauer bis zum Ende des Tages zu fördern. Salate mit dunklem Blattgemüse, angereichert mit Quinoa, gegrilltem Hähnchen oder Lachs und einem Dressing aus Olivenöl, bieten eine ideale Mischung aus Makro- und Mikronährstoffen, die notwendig sind, um kognitive Prozesse zu unterstützen.

Es ist auch entscheidend, ausreichend Hydratation zu gewährleisten, da selbst leichte Dehydratation die geistige Funktion beeinträchtigen kann. Wasser ist essentiell für die Neurotransmitterproduktion und -funktion und spielt eine zentrale Rolle bei der Aufrechterhaltung der Energie und Aufmerksamkeit über längere Zeiträume.

Indem Sie diese Ernährungsgewohnheiten konsequent anwenden, stärken Sie nicht nur Ihre körperliche Gesundheit, sondern optimieren auch Ihre geistige Leistungsfähigkeit. Eine bewusste Ernährung, die auf die Bedürfnisse des Gehirns zugeschnitten ist, kann dazu beitragen, die tägliche Leistung in jeder Hinsicht zu verbessern und Ihnen helfen, auch bei herausfordernden Aufgaben fokussiert und effektiv zu bleiben.

Nahrungsergänzungsmittel zur Gehirnunterstützung

Fühlen Sie sich oft geistig erschöpft und haben Schwierigkeiten, sich zu konzentrieren? Nahrungsergänzungsmittel könnten die Lösung sein, die Sie suchen. In einer Welt, in der unser Gehirn ständig gefordert wird, ist es manchmal schwer, alle notwendigen Nährstoffe allein durch die Ernährung aufzunehmen. Hier können bestimmte Ergänzungen helfen, die geistige Klarheit zu verbessern, die Konzentration zu steigern und das Gedächtnis zu fördern.

Ein hervorragendes Nahrungsergänzungsmittel zur Unterstützung der Gehirnfunktion ist Ginkgo Biloba. Dieses pflanzliche Mittel, das aus den Blättern des Ginkgo-Baumes gewonnen wird, hat sich als äußerst wirksam erwiesen, um die Durchblutung des Gehirns zu verbessern. Studien haben gezeigt, dass Ginkgo Biloba die Gedächtnisleistung und die kognitive Funktion, besonders bei älteren Erwachsenen, unterstützen kann. Es hilft, die geistige Klarheit zu erhöhen und die Konzentration zu verbessern.

Phosphatidylserin ist ein weiteres wichtiges Ergänzungsmittel, das als wesentlicher Bestandteil der Zellmembranen im Gehirn fungiert. Es spielt eine zentrale Rolle bei der Signalübertragung zwischen den Nervenzellen. Die regelmäßige Einnahme von Phosphatidylserin kann dazu beitragen, die Gedächtnisfunktion zu unterstützen und den kognitiven Verfall zu verlangsamen. Besonders ältere Menschen profitieren von der zusätzlichen mentalen Schärfe und dem verbesserten Erinnerungsvermögen, das Phosphatidylserin bietet.

Curcumin, der Hauptbestandteil von Kurkuma, ist ein starkes Antioxidans und entzündungshemmendes Mittel, das ebenfalls für seine positiven Auswirkungen auf die Gehirnfunktion bekannt ist. Curcumin reduziert Entzündungen im Gehirn und kann helfen, die

Bildung von Beta-Amyloid-Plaques zu verhindern, die mit Alzheimer in Verbindung gebracht werden. Es wird oft empfohlen, um die geistige Gesundheit zu unterstützen und das Risiko neurodegenerativer Erkrankungen zu senken.

Acetyl-L-Carnitin ist eine weitere wichtige Aminosäure, die für die Energieproduktion in den Zellen verantwortlich ist. Sie unterstützt die Funktion der Mitochondrien, die als "Kraftwerke" der Zellen bekannt sind, und trägt zur Aufrechterhaltung der kognitiven Funktion bei. Studien haben gezeigt, dass Acetyl-L-Carnitin die geistige Energie und das Gedächtnis bei älteren Erwachsenen verbessern kann. Es wird häufig verwendet, um die geistige Wachsamkeit und das Erinnerungsvermögen zu fördern.

Ein vielversprechendes Nahrungsergänzungsmittel ist Bacopa Monnieri, ein Kraut, das in der traditionellen ayurvedischen Medizin verwendet wird. Bacopa Monnieri soll die kognitive Funktion verbessern und das Gedächtnis stärken. Untersuchungen haben ergeben, dass Bacopa Monnieri die Gedächtnisbildung und die Verarbeitungsgeschwindigkeit bei gesunden Erwachsenen fördern kann. Es ist bekannt für seine Fähigkeit, die kognitive Leistungsfähigkeit zu steigern und mentale Müdigkeit zu reduzieren.

Resveratrol, ein Antioxidans, das in Trauben und Beeren vorkommt, hat ebenfalls das Potenzial, die Gehirnfunktion zu unterstützen. Resveratrol wird nachgesagt, die Durchblutung des Gehirns zu verbessern und Entzündungen zu reduzieren. Studien haben gezeigt, dass es die kognitive Leistung und das Gedächtnis bei älteren Erwachsenen verbessern kann. Es ist ein beliebtes Nahrungsergänzungsmittel zur Unterstützung der geistigen Gesundheit und zur Förderung eines gesunden Alterns.

L-Theanin, eine Aminosäure, die in grünem Tee vorkommt, ist bekannt für ihre beruhigende Wirkung auf das Gehirn. Sie fördert die Entspannung, ohne Schläfrigkeit zu verursachen, und kann die kognitive Leistung und die Konzentration verbessern. L-Theanin wird oft in Kombination mit Koffein eingenommen, um die geistige Wachsamkeit zu steigern und gleichzeitig die negativen Auswirkungen von Koffein, wie Nervosität, zu mildern.

Kreatin, häufig bekannt als Nahrungsergänzungsmittel für Sportler, ist ebenfalls hervorragend für die Unterstützung der Gehirnfunktion geeignet. Kreatin trägt zur Energieproduktion in den Zellen bei und kann die geistige Leistungsfähigkeit steigern. Studien haben gezeigt, dass Kreatin die kognitive Funktion und das Kurzzeitgedächtnis verbessern kann, insbesondere in stressigen Situationen oder bei Schlafmangel. Es hilft, die Energieversorgung der Gehirnzellen zu optimieren und somit die geistige Schärfe und das Denkvermögen zu fördern.

Rhodiola Rosea, ein Adaptogen, das für seine Fähigkeit bekannt ist, den Körper gegen Stress zu schützen, ist ein weiteres wertvolles Ergänzungsmittel. Rhodiola Rosea kann die geistige Ausdauer verbessern, die Ermüdung verringern und die kognitive Funktion unterstützen. Es wird häufig zur Verbesserung der geistigen Leistungsfähigkeit und zur Förderung eines klaren Denkens empfohlen.

Insgesamt gibt es eine Vielzahl von Nahrungsergänzungsmitteln, die speziell zur Unterstützung der Gehirnfunktion entwickelt wurden. Es ist jedoch wichtig, sich bewusst zu sein, dass die Wirksamkeit dieser Ergänzungen von Person zu Person unterschiedlich sein kann. Bevor Sie mit der Einnahme von Nahrungsergänzungsmitteln beginnen, sollten Sie sich von einem Arzt oder Ernährungsberater beraten lassen, um sicherzustellen, dass sie für Ihre individuellen Bedürfnisse geeignet sind und keine Wechselwirkungen mit anderen Medikamenten bestehen.

Die Integration von Nahrungsergänzungsmitteln in Ihre tägliche Routine kann ein wirksames Mittel sein, um Ihre geistige Leistungsfähigkeit zu optimieren und Ihre kognitive Gesundheit zu unterstützen. Indem Sie auf die Bedürfnisse Ihres Körpers achten und ihm die richtigen Nährstoffe zuführen, können Sie Ihre geistige Klarheit, Konzentration und Gedächtnisleistung langfristig verbessern. Bleiben Sie offen für neue Erkenntnisse und bereit, Ihre Ernährung und Supplemente anzupassen, um die bestmögliche Unterstützung für Ihr Gehirn zu gewährleisten.

Kapitel 6: Achtsames Essen

Einführung in Achtsamkeit und Ernährung

Achtsamkeit ist weit mehr als nur ein Modewort – es ist eine Lebensweise, die tief in verschiedenen Kulturen und Philosophien verwurzelt ist. Aber was genau bedeutet Achtsamkeit, und wie kann sie unsere Essgewohnheiten transformieren? Achtsamkeit lässt sich am besten als bewusste, nicht wertende Aufmerksamkeit im gegenwärtigen Moment beschreiben. Es geht darum, voll und ganz in der Erfahrung zu sein, ohne sich von Gedanken über Vergangenheit oder Zukunft ablenken zu lassen. Wenn wir diese Praxis des bewussten Seins auf unsere Ernährung anwenden, sprechen wir von achtsamem Essen.

Stellen Sie sich vor, wie es wäre, jede Mahlzeit mit der gleichen Aufmerksamkeit zu genießen, die Sie einem besonderen Ereignis widmen. Wie oft essen wir im Alltag schnell nebenbei, während wir fernsehen oder am Computer arbeiten? Dieser Mangel an Aufmerksamkeit kann dazu führen, dass wir unsere Nahrung nicht richtig genießen und oft mehr essen, als unser Körper tatsächlich braucht. Achtsames Essen ermutigt uns, jede Mahlzeit als Gelegenheit zu sehen, uns selbst zu pflegen und mit unserem Körper in Einklang zu kommen.

Achtsames Essen beginnt bereits vor der eigentlichen Mahlzeit. Es umfasst die Auswahl und Zubereitung der Lebensmittel. Beim Einkaufen können wir beispielsweise bewusst darauf achten, frische und nährstoffreiche Zutaten zu wählen. Indem wir uns Zeit nehmen, die Etiketten zu lesen und uns über die Herkunft unserer

Lebensmittel zu informieren, können wir fundierte Entscheidungen treffen, die nicht nur unsere Gesundheit, sondern auch die Umwelt unterstützen. Dieser bewusste Einkauf ist der erste Schritt zu einer achtsameren Ernährung.

Bei der Zubereitung der Mahlzeiten lädt uns die Achtsamkeit ein, jeden Schritt des Kochprozesses bewusst wahrzunehmen. Spüren Sie die Textur der Lebensmittel, riechen Sie ihre Aromen und beobachten Sie die Farben und Formen, die sich vor Ihnen entfalten. Diese Praxis hilft, eine tiefere Verbindung zu den Lebensmitteln herzustellen und schärft unsere Sinne. Das Kochen wird so zu einer meditativen Praxis, die uns im gegenwärtigen Moment verankert und gleichzeitig unsere Kreativität fördert.

Sobald die Mahlzeit vorbereitet ist, geht es darum, das Essen wirklich zu genießen. Setzen Sie sich an einen ruhigen, angenehmen Ort, fernab von Ablenkungen wie Fernsehen oder Smartphones. Nehmen Sie sich einen Moment Zeit, um die Speisen auf Ihrem Teller zu betrachten und ihren Duft einzuatmen. Diese einfachen Schritte können einen großen Unterschied darin machen, wie wir unsere Nahrung wahrnehmen und genießen.

Der eigentliche Akt des Essens wird durch Achtsamkeit zu einer tiefen sensorischen Erfahrung. Nehmen Sie jeden Bissen bewusst wahr – spüren Sie die Textur, schmecken Sie die Aromen und achten Sie auf die Temperatur der Speisen. Kauen Sie langsam und gründlich, um den vollen Geschmack zu erleben und Ihrem Körper die Zeit zu geben, das Essen zu verdauen. Durch diese bewusste Wahrnehmung wird jede Mahlzeit zu einem Fest für die Sinne und fördert gleichzeitig eine gesündere Verdauung.

Ein weiterer wichtiger Aspekt des achtsamen Essens ist die Aufmerksamkeit für die Signale des eigenen Körpers. Oftmals essen wir aus Gewohnheit oder emotionalen Gründen, anstatt auf echte Hungergefühle zu achten. Achtsames Essen hilft uns, diese Signale besser zu erkennen und zu respektieren. Fragen Sie sich während des Essens regelmäßig, ob Sie noch hungrig sind oder bereits satt. Diese Praxis kann helfen, übermäßiges Essen zu vermeiden und ein gesundes Verhältnis zum Essen zu entwickeln.

Die Wurzeln des achtsamen Essens liegen tief in verschiedenen Kulturen und spirituellen Traditionen. In der buddhistischen Praxis beispielsweise spielt Achtsamkeit eine zentrale Rolle. Buddhistische Mönche und Nonnen üben sich darin, jede Handlung, einschließlich des Essens, mit vollem Bewusstsein auszuführen. Diese Praxis des bewussten Essens kann auch in unserem modernen Leben von großem Nutzen sein, indem sie uns hilft, langsamer zu werden, präsent zu sein und jede Mahlzeit wirklich zu schätzen.

Historisch gesehen hat die Praxis des achtsamen Essens in vielen Kulturen eine lange Tradition. In der japanischen Teezeremonie beispielsweise wird jeder Schritt der Zubereitung und des Trinkens von Tee mit größter Sorgfalt und Aufmerksamkeit durchgeführt. Diese Zeremonie ist ein schönes Beispiel dafür, wie Achtsamkeit und Ernährung miteinander verbunden werden können, um eine tiefere Wertschätzung für die Nahrung und den Moment zu schaffen.

Achtsamkeit und Ernährung sind eng miteinander verwoben und können unser Verhältnis zu Nahrung und Essgewohnheiten grundlegend verändern. Durch die Integration von Achtsamkeit in unsere Ernährung können wir nicht nur gesünder essen, sondern auch eine tiefere Verbindung zu unserem Körper und unseren Lebensmitteln herstellen. Dies führt zu einem insgesamt bewussteren und erfüllteren Leben.

Die Vorteile des achtsamen Essens gehen jedoch weit über die rein körperlichen Aspekte hinaus. Indem wir uns die Zeit nehmen, unsere Mahlzeiten bewusst zu genießen, fördern wir auch unsere emotionale und mentale Gesundheit. Achtsamkeit hilft uns, Stress abzubauen, indem sie uns in den gegenwärtigen Moment bringt und uns von Sorgen über die Vergangenheit oder die Zukunft befreit. Diese Präsenz kann zu einer tieferen inneren Ruhe und einem gesteigerten Wohlbefinden führen.

Ein weiterer wichtiger Aspekt des achtsamen Essens ist die Förderung einer positiven Beziehung zum Essen. Viele Menschen kämpfen mit negativen Gefühlen gegenüber Lebensmitteln, sei es durch Diätkulturen oder persönliche Erfahrungen. Achtsamkeit kann helfen, diese negativen Muster zu durchbrechen, indem sie uns ermutigt, Essen nicht als Feind, sondern als Quelle von Nährstoffen und Genuss zu betrachten. Durch achtsames Essen können wir lernen, unsere Lebensmittel zu schätzen und sie als Mittel zur Pflege unseres Körpers und Geistes zu sehen.

Achtsames Essen kann auch dabei helfen, emotionale Essgewohnheiten zu erkennen und zu verändern. Viele Menschen greifen in stressigen oder emotionalen Zeiten zu ungesunden Lebensmitteln als Bewältigungsmechanismus. Durch die Praxis der Achtsamkeit können wir uns dieser Gewohnheiten bewusst werden und alternative, gesündere Wege finden, um mit unseren Emotionen umzugehen. Dies kann zu einer insgesamt gesünderen Beziehung zu Nahrung und einem besseren emotionalen Gleichgewicht führen.

Die Praxis des achtsamen Essens ist nicht kompliziert und kann leicht in den Alltag integriert werden. Es erfordert lediglich ein wenig Geduld und die Bereitschaft, sich auf den gegenwärtigen Moment einzulassen. Beginnen Sie damit, sich kleine Ziele zu setzen, wie beispielsweise eine Mahlzeit am Tag achtsam zu essen. Mit der Zeit wird diese Praxis zu einer natürlichen und bereichernden Gewohnheit.

Ein weiterer Vorteil des achtsamen Essens ist, dass es uns helfen kann, die Essenszeit zu entschleunigen und wirklich zu genießen. In unserer hektischen Welt nehmen wir uns oft nicht die Zeit, unsere Mahlzeiten zu genießen, sondern essen schnell und nebenbei. Achtsames Essen lädt uns ein, langsamer zu essen und jede Mahlzeit als eine Gelegenheit zu sehen, uns selbst zu pflegen und unseren Körper zu nähren. Diese Entschleunigung kann zu einer tieferen Wertschätzung für unsere Nahrung und eine gesündere Verdauung führen.

Ein schöner Nebeneffekt des achtsamen Essens ist auch die potenzielle Gewichtsregulierung. Indem wir bewusster essen und besser auf die Signale unseres Körpers achten, sind wir eher in der Lage, unser natürliches Sättigungsgefühl zu erkennen und Überessen zu vermeiden. Dies kann langfristig zu einer gesunden Gewichtskontrolle beitragen und unser Wohlbefinden steigern.

Praktische Techniken und Übungen

Es gibt viele praktische Techniken und Übungen, die Ihnen helfen können, bewusster zu essen und die Vorteile dieser Praxis voll auszuschöpfen. Diese Übungen sind einfach anzuwenden und können einen großen Unterschied in Ihrer täglichen Ernährung und Ihrem Lebensstil machen.

Eine der grundlegendsten Übungen für achtsames Essen beginnt bereits beim Einkaufen. Anstatt einfach die üblichen Produkte in den Einkaufswagen zu werfen, nehmen Sie sich die Zeit, Ihre Auswahl bewusst zu treffen. Überlegen Sie, woher die Lebensmittel kommen, wie sie produziert wurden und welche Auswirkungen sie auf Ihre Gesundheit haben. Diese bewusste Auswahl hilft Ihnen nicht nur, gesündere Entscheidungen zu treffen, sondern auch eine tiefere Verbindung zu den Lebensmitteln herzustellen, die Sie konsumieren.

Ein weiteres praktisches Ritual ist die Vorbereitung der Mahlzeiten. Beginnen Sie damit, Ihre Küche als einen Ort der Achtsamkeit zu betrachten. Nehmen Sie sich Zeit, um die Zutaten zu waschen, zu schneiden und zu kochen, und seien Sie dabei voll und ganz im Moment. Spüren Sie die Textur der Lebensmittel, riechen Sie ihre Aromen und beobachten Sie die Farben und Formen. Diese sensorische Erfahrung kann das Kochen zu einer meditativen Praxis machen und Ihnen helfen, eine tiefere Wertschätzung für die Nahrung zu entwickeln, die Sie zubereiten.

Wenn es dann ans Essen geht, setzen Sie sich an einen ruhigen, angenehmen Ort, fernab von Ablenkungen wie Fernsehen oder Smartphones. Nehmen Sie sich einen Moment Zeit, um die Speisen auf Ihrem Teller zu betrachten und ihren Duft einzuatmen. Diese einfache Vorbereitungsphase kann den Übergang zum achtsamen Essen erleichtern und Ihnen helfen, sich auf die bevorstehende Mahlzeit zu konzentrieren.

Eine wirkungsvolle Technik für achtsames Essen ist das bewusste Kauen. Nehmen Sie jeden Bissen bewusst wahr – spüren Sie die Textur, schmecken Sie die Aromen und achten Sie auf die Temperatur der Speisen. Kauen Sie langsam und gründlich, um den vollen Geschmack zu erleben und Ihrem Körper die Zeit zu geben, das Essen zu verdauen. Diese Praxis fördert nicht nur eine bessere Verdauung, sondern hilft Ihnen auch, ein gesünderes Verhältnis zu Ihrer Nahrung zu entwickeln.

Ein weiterer hilfreicher Ansatz ist die Anwendung von Atemübungen vor dem Essen. Bevor Sie mit der Mahlzeit beginnen, nehmen Sie ein paar tiefe Atemzüge, um sich zu entspannen und den Stress des Tages loszulassen. Diese Atemübungen können Ihnen helfen, den gegenwärtigen Moment bewusster wahrzunehmen und sich auf das Essen zu konzentrieren. Es ist eine einfache, aber effektive Methode, um die Achtsamkeit zu fördern und die Essenszeit zu einem Moment der Ruhe und Besinnung zu machen.

Während des Essens ist es wichtig, auf die Signale Ihres Körpers zu achten. Oft essen wir aus Gewohnheit oder emotionalen Gründen, anstatt auf echte Hungergefühle zu achten. Fragen Sie sich regelmäßig, ob Sie noch hungrig sind oder bereits satt. Diese Praxis des bewussten Zuhörens auf Ihren Körper kann helfen, übermäßiges Essen zu vermeiden und ein gesundes Verhältnis zum Essen zu entwickeln. Indem Sie auf die Bedürfnisse Ihres Körpers hören, können Sie besser entscheiden, wann und wie viel Sie essen sollten.

Rituale rund um das Essen können ebenfalls helfen, achtsamer zu werden. Das bewusste Tischdecken und Arrangieren der Speisen kann ein Teil dieses Rituals sein. Nehmen Sie sich Zeit, den Tisch schön zu decken und die Mahlzeiten ansprechend zu präsentieren.

Diese kleinen Rituale können die Essenszeit zu etwas Besonderem machen und Ihnen helfen, die Nahrung, die Sie essen, mehr zu schätzen. Sie fördern eine achtsame Atmosphäre und machen jede Mahlzeit zu einem bedeutungsvollen Ereignis.

Eine weitere Übung, die Sie in Ihren Alltag integrieren können, ist das Führen eines Ernährungstagebuchs. Notieren Sie, was und wann Sie essen, aber auch, wie Sie sich dabei fühlen. Dieses Tagebuch kann Ihnen helfen, Muster und Auslöser zu erkennen, die Ihr Essverhalten beeinflussen. Es fördert die Selbstreflexion und hilft Ihnen, achtsamer mit Ihren Essgewohnheiten umzugehen. Durch das Aufschreiben Ihrer Beobachtungen können Sie bewusster werden und gezielte Veränderungen vornehmen, um Ihre Ernährung zu verbessern.

Wenn Sie unterwegs oder bei der Arbeit sind, kann es eine Herausforderung sein, achtsam zu essen. Nehmen Sie sich trotzdem die Zeit, Ihre Mahlzeiten bewusst zu genießen. Selbst wenn Sie nur ein paar Minuten haben, um zu essen, versuchen Sie, diese Zeit ohne Ablenkungen zu verbringen und sich voll auf das Essen zu konzentrieren. Achten Sie auf den Geschmack, die Textur und das Gefühl der Speisen in Ihrem Mund. Diese kurzen Momente der Achtsamkeit können einen großen Unterschied machen und Ihnen helfen, sich besser zu fühlen und Ihre Mahlzeiten mehr zu genießen.

Eine weitere wirkungsvolle Technik ist die Nutzung von Achtsamkeitsmeditationen speziell für das Essen. Es gibt geführte Meditationen, die Ihnen helfen können, sich auf das Essen zu konzentrieren und achtsamer zu werden. Diese Meditationen können besonders hilfreich sein, um eine regelmäßige Praxis des achtsamen Essens zu etablieren und Ihnen dabei zu helfen, eine tiefere Verbindung zu Ihrer Nahrung herzustellen. Sie bieten eine strukturierte Möglichkeit, Achtsamkeit in Ihren Alltag zu integrieren und die Vorteile dieser Praxis voll auszuschöpfen.

Familienmahlzeiten bieten eine hervorragende Gelegenheit, achtsames Essen zu praktizieren und gemeinsam zu genießen. Schaffen Sie eine ruhige und entspannte Atmosphäre, in der alle Familienmitglieder ermutigt werden, bewusst zu essen und sich auf die Mahlzeit zu konzentrieren. Nutzen Sie die Essenszeit, um sich auszutauschen und die Gemeinschaft zu pflegen. Diese gemeinsamen Mahlzeiten können die Bindungen stärken und gleichzeitig die Praxis des achtsamen Essens fördern. Sie helfen allen Beteiligten, eine tiefere Wertschätzung für die Nahrung und füreinander zu entwickeln.

Schließlich ist es wichtig, Herausforderungen und Hindernisse zu erkennen, die das achtsame Essen erschweren können. Stress, Zeitdruck und Ablenkungen sind häufige Herausforderungen. Entwickeln Sie Strategien, um diese Hindernisse zu überwinden, indem Sie beispielsweise feste Essenszeiten einplanen, Stressbewältigungstechniken anwenden oder sich bewusst Zeit für Ihre Mahlzeiten nehmen. Indem Sie diese Herausforderungen proaktiv angehen, können Sie die Praxis des achtsamen Essens in Ihrem Leben verankern und die positiven Auswirkungen auf Ihre Gesundheit und Ihr Wohlbefinden maximieren.

Achtsames Essen erfordert Geduld und Übung, aber die Belohnungen sind es wert. Indem Sie diese praktischen Techniken und Übungen in Ihren Alltag integrieren, können Sie eine tiefere Verbindung zu Ihrer Nahrung herstellen und Ihre Beziehung zum Essen grundlegend verändern. Diese Praxis fördert nicht nur Ihre körperliche Gesundheit, sondern auch Ihre emotionale und mentale Wohlbefinden. Nutzen Sie die Gelegenheit, um Ihre Mahlzeiten bewusster zu genießen und die Vorteile des achtsamen Essens voll auszuschöpfen.

Der Einfluss von Achtsamkeit auf die Verdauung und Gesundheit

Achtsamkeit hat weitreichende Auswirkungen auf viele Aspekte unseres Lebens, und einer der bedeutendsten Bereiche ist unsere Verdauung und allgemeine Gesundheit. Der bewusste Umgang mit Nahrung und das achtsame Essen können tiefgreifende positive Veränderungen in unserem körperlichen Wohlbefinden bewirken. Aber wie genau beeinflusst Achtsamkeit unsere Verdauung und Gesundheit, und warum ist es so wichtig, diese Praxis in unseren Alltag zu integrieren?

Zu Beginn sollten wir verstehen, dass die Verdauung ein komplexer Prozess ist, der nicht nur physisch, sondern auch psychisch beeinflusst wird. Unser Verdauungssystem reagiert empfindlich auf unseren emotionalen Zustand. Wenn wir gestresst, ängstlich oder abgelenkt sind, kann dies die Verdauung negativ beeinflussen. Achtsamkeit kann hier helfen, indem sie uns in den gegenwärtigen Moment bringt und eine beruhigende Wirkung auf unseren Geist und Körper hat. Durch die Reduktion von Stress und Angst kann achtsames Essen die Verdauung unterstützen und Magen-Darm-Beschwerden reduzieren.

Ein weiterer wichtiger Aspekt ist die bewusste Wahrnehmung des Essens. Wenn wir achtsam essen, nehmen wir uns Zeit, jeden Bissen zu genießen und gründlich zu kauen. Dies verbessert nicht nur das Geschmackserlebnis, sondern hilft auch der Verdauung. Gründliches Kauen zerkleinert die Nahrung und mischt sie mit Speichel, der Enzyme enthält, die den Verdauungsprozess einleiten. Indem wir unsere Nahrung gründlich kauen, erleichtern wir dem Magen die Arbeit und fördern eine effizientere Nährstoffaufnahme.

Darüber hinaus fördert achtsames Essen eine bessere Wahrnehmung der Sättigungssignale unseres Körpers. Oft essen wir schnell und ohne auf die Signale unseres Körpers zu hören, was zu übermäßigem Essen und Verdauungsproblemen führen kann. Durch achtsames Essen lernen wir, auf die subtilen Hinweise unseres Körpers zu achten, die uns sagen, wann wir satt sind. Dies hilft, übermäßiges Essen zu vermeiden und unterstützt eine gesunde Verdauung.

Die Praxis der Achtsamkeit hat auch eine positive Wirkung auf das Darmmikrobiom, das eine zentrale Rolle in unserer Verdauung und allgemeinen Gesundheit spielt. Das Darmmikrobiom besteht aus Billionen von Mikroorganismen, die bei der Verdauung helfen, Nährstoffe produzieren und das Immunsystem unterstützen. Stress und eine ungesunde Ernährung können das Gleichgewicht dieser Mikroorganismen stören und zu Verdauungsproblemen und Krankheiten führen. Achtsamkeit kann helfen, den Stresspegel zu senken und eine gesunde Ernährungsweise zu fördern, was wiederum das Darmmikrobiom positiv beeinflusst.

Wissenschaftliche Studien haben gezeigt, dass Achtsamkeit und stressreduzierende Techniken die Symptome von Reizdarmsyndrom (IBS) und anderen Magen-Darm-Erkrankungen lindern können. Diese Erkrankungen sind oft mit Stress und emotionalen Belastungen verbunden. Durch die regelmäßige Praxis von Achtsamkeit können Betroffene lernen, besser mit Stress umzugehen und ihre Symptome zu kontrollieren. Dies zeigt, wie eng die Verbindung zwischen unserem geistigen Zustand und unserer körperlichen Gesundheit ist.

Ein weiterer wichtiger Vorteil des achtsamen Essens ist die Förderung eines gesünderen Lebensstils insgesamt. Wenn wir uns die Zeit nehmen, achtsam zu essen, neigen wir auch dazu, bewusster über unsere Essensauswahl nachzudenken. Wir sind eher geneigt, gesunde, nährstoffreiche Lebensmittel zu wählen, die unsere Gesundheit unterstützen, anstatt zu ungesunden, verarbeiteten Lebensmitteln zu greifen. Diese bewussten Entscheidungen können langfristig zu einer besseren Gesundheit und einem geringeren Risiko für chronische Krankheiten führen.

Achtsamkeit kann auch dazu beitragen, emotionale Essgewohnheiten zu erkennen und zu ändern. Viele Menschen neigen dazu, aus emotionalen Gründen zu essen – sei es aus Langeweile, Stress oder Traurigkeit. Achtsames Essen hilft, diese emotionalen Auslöser zu identifizieren und alternative Bewältigungsstrategien zu entwickeln. Anstatt zu ungesunden Snacks zu greifen, können wir lernen, unsere Emotionen auf gesündere Weise zu managen, was wiederum unsere Verdauung und allgemeine Gesundheit verbessert.

Ein weiterer bemerkenswerter Effekt von Achtsamkeit auf die Verdauung ist die Unterstützung des Immunsystems. Ein gesunder Darm ist entscheidend für ein starkes Immunsystem, da ein Großteil unseres Immunsystems im Darm angesiedelt ist. Indem wir achtsam essen und auf eine gesunde Darmflora achten, können wir unser Immunsystem stärken und unsere Widerstandsfähigkeit gegen Krankheiten erhöhen. Dies ist besonders wichtig in Zeiten von Stress und hoher Belastung, wenn unser Körper zusätzlichen Schutz benötigt.

Zusätzlich zu den physischen Vorteilen hat achtsames Essen auch einen tiefgreifenden Einfluss auf unser emotionales Wohlbefinden. Indem wir uns bewusst Zeit nehmen, um unsere Mahlzeiten zu genießen, schaffen wir Momente der Ruhe und Besinnung in unserem hektischen Alltag. Diese Momente können dazu beitragen, unsere Stimmung zu verbessern und ein Gefühl der Zufriedenheit und Dankbarkeit zu fördern. Achtsamkeit lehrt uns, im gegenwärtigen Moment zu leben und die kleinen Freuden des Lebens zu schätzen, was zu einem insgesamt erfüllteren und glücklicheren Leben beiträgt.

Eine weitere wichtige Komponente des achtsamen Essens ist die soziale Dimension. Gemeinsame Mahlzeiten bieten eine wunderbare Gelegenheit, Achtsamkeit zu praktizieren und gleichzeitig die zwischenmenschlichen Beziehungen zu stärken. Indem wir uns bewusst Zeit nehmen, um mit Familie und Freunden zu essen, fördern wir nicht nur unsere Verdauung, sondern auch unsere sozialen Bindungen. Diese gemeinsamen Mahlzeiten können eine Quelle der Freude und des Zusammenhalts sein und gleichzeitig die Praxis der Achtsamkeit vertiefen.

Abschließend lässt sich sagen, dass die Praxis des achtsamen Essens weit mehr ist als nur eine Methode zur Verbesserung der Verdauung – sie ist ein ganzheitlicher Ansatz zur Förderung von Gesundheit und Wohlbefinden. Indem wir achtsam essen, unterstützen wir nicht nur unsere physische Gesundheit, sondern auch unsere emotionale und geistige Gesundheit. Die positiven Auswirkungen dieser Praxis sind tiefgreifend und weitreichend und können dazu beitragen, unser Leben auf vielfältige Weise zu bereichern.

Indem Sie Achtsamkeit in Ihre Essgewohnheiten integrieren, können Sie nicht nur Ihre Verdauung verbessern, sondern auch ein tieferes Verständnis und eine größere Wertschätzung für Ihre Nahrung entwickeln. Nutzen Sie diese Techniken und Übungen, um Ihre Beziehung zum Essen zu transformieren und die zahlreichen Vorteile dieser kraftvollen Praxis zu erleben.

Achtsamkeit und emotionale Intelligenz

Achtsamkeit und emotionale Intelligenz sind zwei Schlüsselkonzepte, die tiefgreifende Auswirkungen auf unser tägliches Leben und unser allgemeines Wohlbefinden haben. Wenn wir über emotionale Intelligenz sprechen, meinen wir die Fähigkeit, unsere eigenen Emotionen sowie die Emotionen anderer zu erkennen, zu verstehen und zu regulieren. Emotionale Intelligenz ermöglicht es uns, emotionale Informationen zu nutzen, um unser Denken und Verhalten zu steuern und gesunde, erfüllende Beziehungen aufzubauen.

Achtsamkeit hingegen ist die Praxis, vollständig im gegenwärtigen Moment präsent zu sein, unsere Erfahrungen ohne Urteil zu akzeptieren und unsere Aufmerksamkeit bewusst zu lenken. Durch regelmäßige Achtsamkeitspraxis entwickeln wir eine tiefere Verbindung zu unseren Gedanken, Gefühlen und körperlichen Empfindungen. Diese bewusste Präsenz fördert ein besseres Verständnis unserer inneren Welt und stärkt unsere Fähigkeit, auf unsere Emotionen auf eine gesunde Weise zu reagieren.

Ein wesentlicher Vorteil der Achtsamkeit ist die Verbesserung der Selbstwahrnehmung. Wenn wir achtsam sind, werden wir uns unserer Emotionen bewusster. Wir beginnen, die subtilen Anzeichen von Freude, Traurigkeit, Angst oder Wut zu erkennen, noch bevor sie überwältigend werden. Diese erhöhte Selbstwahrnehmung ist der erste Schritt zur Stärkung der emotionalen Intelligenz. Indem wir unsere Emotionen klar identifizieren, können wir besser auf sie reagieren und sie in unser tägliches Leben integrieren.

Selbstregulation ist ein weiterer wichtiger Aspekt der emotionalen Intelligenz, der durch Achtsamkeit gefördert wird. Anstatt unsere Emotionen zu unterdrücken oder sie unkontrolliert ausleben zu lassen, lernen wir, sie zu akzeptieren und bewusst zu steuern. Achtsamkeit lehrt uns, unsere Emotionen zu beobachten, ohne uns von ihnen mitreißen zu lassen. Diese Fähigkeit ermöglicht es uns, ruhig und gelassen zu bleiben, selbst in stressigen oder herausfordernden Situationen.

Ein weiterer Bereich, in dem Achtsamkeit eine entscheidende Rolle spielt, ist die Empathie. Empathie, die Fähigkeit, die Emotionen und Perspektiven anderer Menschen zu verstehen und nachzuvollziehen, ist eine zentrale Komponente der emotionalen Intelligenz. Durch Achtsamkeit können wir unsere Aufmerksamkeit vollständig auf das Gegenüber richten und ihre Gefühle und Bedürfnisse besser wahrnehmen. Diese erhöhte Empathie stärkt unsere zwischenmenschlichen Beziehungen und fördert ein tieferes Verständnis und Mitgefühl.

Achtsamkeit hilft auch, Stress zu bewältigen und emotionale Reaktionen zu regulieren. Im hektischen Alltag sind wir oft emotionalen Belastungen ausgesetzt, die uns überfordern können. Achtsamkeit bietet uns Techniken, um innezuhalten, tief durchzuatmen und unsere Reaktionen zu überdenken. Diese Praxis ermöglicht es uns, impulsive Reaktionen zu vermeiden und statt dessen überlegter und bewusster zu handeln. Dadurch können wir emotionale Herausforderungen besser meistern und unser emotionales Wohlbefinden verbessern.

Resilienz, die Fähigkeit, sich von Rückschlägen zu erholen und gestärkt daraus hervorzugehen, ist eine weitere wichtige Fähigkeit, die durch Achtsamkeit gefördert wird. Durch die regelmäßige Praxis der Achtsamkeit entwickeln wir ein besseres Verständnis für unsere eigenen Stärken und Schwächen und lernen, mit schwierigen Emotionen und Situationen umzugehen. Diese Resilienz hilft uns, emotional ausgeglichener zu sein und stressige Situationen besser zu bewältigen.

Die Praxis der Achtsamkeit kann auch unsere Kommunikationsfähigkeiten verbessern. Indem wir im gegenwärtigen Moment präsent sind, können wir besser zuhören und auf andere Menschen eingehen. Dies führt zu klarerer und effektiverer Kommunikation und stärkt unsere zwischenmenschlichen Beziehungen. Wir lernen, nicht nur auf das zu achten, was gesagt wird, sondern auch auf die nonverbalen Hinweise und emotionalen Untertöne in der Kommunikation.

Entscheidungsfindung ist ein weiterer Bereich, in dem Achtsamkeit und emotionale Intelligenz Hand in Hand gehen. Emotionale Intelligenz spielt eine entscheidende Rolle bei der Fähigkeit, fundierte und ausgewogene Entscheidungen zu treffen. Durch Achtsamkeit können wir unsere Emotionen besser verstehen und in unsere Entscheidungsprozesse einbeziehen. Dies führt zu besseren, durchdachteren Entscheidungen, die sowohl unsere eigenen Bedürfnisse als auch die Bedürfnisse anderer berücksichtigen.

Emotionale Balance, die Fähigkeit, unsere Emotionen in einem gesunden und ausgewogenen Zustand zu halten, ist ein weiterer wichtiger Vorteil der Achtsamkeit. Durch die Praxis der Achtsamkeit können wir lernen, unsere Emotionen zu erkennen, zu akzeptieren und zu regulieren, was zu einer stabileren und ausgeglicheneren emotionalen Verfassung führt. Diese emotionale Balance trägt dazu bei, dass wir uns in unserem täglichen Leben wohler fühlen und besser mit Herausforderungen umgehen können.

Ein positiver Nebeneffekt der Achtsamkeit ist die Förderung eines positiven Selbstbildes und Selbstmitgefühls. Indem wir uns unserer Gedanken und Gefühle bewusst werden, können wir negative Selbstgespräche erkennen und durch positivere und mitfühlendere Gedanken ersetzen. Diese Praxis des Selbstmitgefühls hilft uns, uns selbst mit Freundlichkeit und

Verständnis zu begegnen, was wiederum unsere emotionale Intelligenz stärkt und unser Wohlbefinden verbessert.

Schließlich lässt sich sagen, dass die Praxis der Achtsamkeit eine kraftvolle Methode ist, um unsere emotionale Intelligenz zu stärken und unser allgemeines Wohlbefinden zu verbessern. Durch die Entwicklung von Selbstwahrnehmung, Selbstregulation, Empathie, Resilienz und effektiver Kommunikation können wir tiefere und erfüllendere Beziehungen aufbauen und ein erfüllteres Leben führen. Regelmäßige Achtsamkeitspraxis ermöglicht es uns, die vielen Vorteile dieser Praxis zu erleben und unser Leben auf vielfältige Weise zu bereichern.

Der Zusammenhang zwischen Achtsamkeit, emotionaler Intelligenz und Ernährung ist besonders bemerkenswert. Indem wir achtsam essen, können wir nicht nur unsere körperliche Gesundheit verbessern, sondern auch eine tiefere Verbindung zu unseren Emotionen und Bedürfnissen herstellen. Dies führt zu einem ganzheitlichen Ansatz, der sowohl unseren Körper als auch unseren Geist nährt und zu einem insgesamt gesünderen und erfüllteren Leben beiträgt.

Integration von Achtsamkeit in den Alltag

Achtsamkeit hat das Potenzial, unser Leben auf tiefgreifende Weise zu verändern. Sie ermöglicht es uns, bewusster, gelassener und zufriedener zu leben. Doch wie können wir Achtsamkeit in unseren oft hektischen Alltag integrieren? Diese Frage ist zentral, denn nur durch eine regelmäßige Praxis können wir die vielfältigen Vorteile der Achtsamkeit voll ausschöpfen. Ein Schlüsselbereich, in dem Achtsamkeit besonders wirkungsvoll ist, betrifft unsere Essgewohnheiten. Lassen Sie uns erkunden, wie wir achtsames Essen bei der Arbeit und unterwegs, bei Familienmahlzeiten und in unserem täglichen Leben umsetzen können, und welche Herausforderungen dabei auftreten können.

Beginnen wir mit dem Thema achtsames Essen bei der Arbeit und unterwegs. In der heutigen schnelllebigen Gesellschaft ist es oft eine Herausforderung, sich Zeit für eine bewusste Mahlzeit zu nehmen. Viele von uns greifen zu schnellen Snacks oder essen nebenbei, während sie arbeiten oder unterwegs sind. Doch gerade in solchen Momenten kann Achtsamkeit einen großen Unterschied machen. Stellen Sie sich vor, Sie nehmen sich vor Ihrem Mittagessen am Arbeitsplatz einen Moment Zeit, um tief durchzuatmen und sich auf das Essen zu konzentrieren. Selbst wenn Sie nur eine kurze Pause haben, können diese wenigen Minuten der Achtsamkeit Ihnen helfen, Ihre Mahlzeit bewusster zu genießen und Ihren Körper besser zu nähren.

Ein praktischer Tipp für achtsames Essen bei der Arbeit ist die Vorbereitung von Mahlzeiten im Voraus. Wenn Sie sich am Vorabend oder am Wochenende die Zeit nehmen, gesunde und ausgewogene Mahlzeiten vorzubereiten, können Sie diese während der Arbeit in Ruhe genießen, ohne in Hektik zu verfallen. Verwenden Sie wiederverwendbare Behälter, um Ihre Mahlzeiten mitzunehmen, und suchen Sie sich einen ruhigen Platz, an dem Sie ungestört essen können. Nehmen Sie jeden Bissen bewusst wahr, spüren Sie die Textur und den Geschmack der Speisen und achten Sie darauf, langsam zu essen. Diese einfache Praxis kann Ihre Ernährung und Ihr Wohlbefinden erheblich verbessern.

Auch unterwegs ist es möglich, achtsam zu essen. Nehmen Sie sich beispielsweise vor einer Reise Zeit, um gesunde Snacks vorzubereiten. Obst, Nüsse und Gemüsesticks sind praktische und nährstoffreiche Optionen, die leicht mitzunehmen sind. Vermeiden Sie es, im Gehen zu essen, und suchen Sie sich stattdessen einen Ort, an dem Sie in Ruhe sitzen und Ihre Mahlzeit genießen können. Auch im Auto können Sie Pausen einlegen, um bewusst zu essen und sich auf Ihre Nahrung zu konzentrieren. Indem Sie diese kleinen Momente der Achtsamkeit in Ihren Alltag integrieren, fördern Sie eine gesündere und ausgewogenere Ernährung.

Ein weiterer wichtiger Bereich ist das gemeinsame achtsame Essen mit der Familie. Familienmahlzeiten bieten eine wunderbare Gelegenheit, Achtsamkeit zu praktizieren und gleichzeitig die Beziehungen innerhalb der Familie zu stärken. Schaffen Sie eine angenehme und ruhige Atmosphäre am Esstisch, in der sich alle wohlfühlen und entspannen können. Beginnen Sie jede Mahlzeit mit einem kurzen Moment der Stille oder einem Dankeswort, um sich auf die Nahrung zu besinnen und Ihre Dankbarkeit auszudrücken. Diese einfachen Rituale können helfen, den Fokus auf das gemeinsame Essen zu legen und eine tiefere Wertschätzung für die Mahlzeiten zu entwickeln.

Ermutigen Sie alle Familienmitglieder, langsam zu essen und jeden Bissen bewusst zu genießen. Achten Sie darauf, dass alle Bildschirme und Ablenkungen ausgeschaltet sind, damit sich jeder auf das Essen und die Gesellschaft konzentrieren kann. Nutzen Sie die Mahlzeiten auch als Gelegenheit, miteinander zu sprechen und sich auszutauschen. Fragen Sie Ihre Kinder nach ihrem Tag, ihren Gedanken und Gefühlen. Diese Gespräche fördern nicht nur die Kommunikation, sondern stärken auch die emotionale Bindung innerhalb der Familie. Durch achtsames Essen schaffen Sie eine Umgebung, in der sich alle geliebt und unterstützt fühlen.

Natürlich gibt es auch Herausforderungen bei der kontinuierlichen Praxis der Achtsamkeit. Einer der häufigsten Hürden ist der Zeitmangel. In unserem hektischen Alltag kann es schwierig sein, sich regelmäßig Zeit für achtsames Essen zu nehmen. Hier ist es wichtig, realistische Ziele zu setzen und kleine, machbare Schritte zu unternehmen. Beginnen Sie mit einer Mahlzeit am Tag, bei der Sie sich bewusst Zeit nehmen, um achtsam zu essen. Sobald dies zur Gewohnheit geworden ist, können Sie diese Praxis schrittweise auf andere Mahlzeiten ausweiten.

Ein weiterer häufiger Stolperstein ist die Ablenkung. Es ist leicht, sich von Bildschirmen, Telefonen oder anderen Aktivitäten ablenken zu lassen. Um diese Herausforderung zu meistern, schaffen Sie klare Regeln für sich selbst und Ihre Familie. Legen Sie beispielsweise fest, dass während der Mahlzeiten keine elektronischen Geräte verwendet werden dürfen. Diese einfachen Regeln können Ihnen helfen, sich besser auf das Essen zu konzentrieren und die Achtsamkeit zu fördern.

Ein weiterer Tipp für die kontinuierliche Praxis der Achtsamkeit ist die Schaffung eines unterstützenden Umfelds. Sprechen Sie mit Ihren Familienmitgliedern oder Mitbewohnern über Ihre Absicht, achtsamer zu essen, und bitten Sie um ihre Unterstützung. Gemeinsame Ziele und gegenseitige Ermutigung können helfen, die Praxis der Achtsamkeit in Ihrem Alltag zu verankern. Auch das Führen eines Ernährungstagebuchs kann eine hilfreiche Methode sein, um Ihre Fortschritte zu verfolgen und sich selbst zu motivieren.

Es ist auch wichtig, Geduld mit sich selbst zu haben und sich nicht zu verurteilen, wenn es nicht immer gelingt, achtsam zu essen. Achtsamkeit ist eine Praxis, die Zeit und Übung erfordert. Seien Sie freundlich zu sich selbst und erkennen Sie die kleinen Fortschritte an, die Sie machen. Jeder Moment der Achtsamkeit, egal wie kurz, ist ein Schritt in die richtige Richtung und trägt zu Ihrem Wohlbefinden bei.

Durch die Integration von Achtsamkeit in Ihren Alltag können Sie nicht nur Ihre Beziehung zur Nahrung verbessern, sondern auch Ihre allgemeine Lebensqualität steigern. Achtsames Essen fördert eine tiefere Verbindung zu Ihrem Körper und Ihren Bedürfnissen, was zu einer ausgewogeneren und gesünderen Lebensweise führt. Indem Sie sich Zeit nehmen, um bewusst zu essen, schaffen Sie Momente der Ruhe und Besinnung in Ihrem hektischen Alltag und fördern Ihr körperliches und emotionales Wohlbefinden.

Denken Sie daran, dass Achtsamkeit keine perfekte Praxis ist, sondern eine Reise. Jeder Tag bietet neue Möglichkeiten, Achtsamkeit zu üben und Ihre Beziehung zur Nahrung und zu sich selbst zu vertiefen. Nutzen Sie diese Gelegenheiten, um sich selbst zu pflegen und ein bewussteres und erfüllteres Leben zu führen.

Kapitel 7: Die Darm-Hirn-Verbindung

Aktuelle Forschung und Theorien

Die Verbindung zwischen Darm und Gehirn ist ein faszinierendes und komplexes Thema, das in den letzten Jahren immer mehr Aufmerksamkeit in der wissenschaftlichen Gemeinschaft erlangt hat. Aktuelle Forschung und Theorien legen nahe, dass unser Darm weit mehr als nur ein Verdauungsorgan ist; er spielt eine entscheidende Rolle für unsere mentale und emotionale Gesundheit. In diesem Kapitel werfen wir einen Blick auf die neuesten wissenschaftlichen Studien, die verschiedenen Theorien zur Kommunikation zwischen Darm und Gehirn sowie die Auswirkungen von Darmmikrobiota auf die Gehirnfunktion.

Beginnen wir mit einem Überblick über die neuesten wissenschaftlichen Studien. Die Forschung zur Darm-Hirn-Verbindung hat in den letzten Jahren erhebliche Fortschritte gemacht. Eine Vielzahl von Studien hat gezeigt, dass der Zustand unseres Darms direkten Einfluss auf unser Gehirn hat. Beispielsweise wurde festgestellt, dass Menschen mit psychischen Störungen wie Depressionen oder Angstzuständen oft auch an Darmproblemen leiden. Diese Entdeckungen haben das Interesse an der Erforschung der Darm-Hirn-Achse, wie diese Verbindung oft genannt wird, verstärkt.

Eine bahnbrechende Studie der University of California, Los Angeles (UCLA) hat gezeigt, dass der Verzehr von probiotischen Lebensmitteln die Gehirnaktivität verändern kann. Die Teilnehmer der Studie, die regelmäßig Joghurt mit lebenden

Bakterienkulturen aßen, zeigten eine signifikante Veränderung in den Hirnregionen, die mit Emotionen und Schmerzempfinden verbunden sind. Diese Ergebnisse legen nahe, dass die Mikroorganismen in unserem Darm direkte Auswirkungen auf unsere Gehirnfunktion haben können.

Ein weiteres bemerkenswertes Forschungsprojekt der University of Cork in Irland untersuchte die Auswirkungen von Bifidobacterium longum auf Menschen mit Reizdarmsyndrom (IBS) und komorbiden Angstzuständen. Die Studie ergab, dass die Einnahme dieses spezifischen probiotischen Stammes die Angstwerte signifikant reduzierte und gleichzeitig die Symptome des IBS linderte. Diese Ergebnisse deuten darauf hin, dass die Manipulation der Darmflora eine vielversprechende Methode zur Behandlung von psychischen Störungen sein könnte.

Nun zu den Theorien zur Kommunikation zwischen Darm und Gehirn. Eine der führenden Theorien besagt, dass der Vagusnerv, der längste Nerv des autonomen Nervensystems, eine Hauptrolle bei der Kommunikation zwischen Darm und Gehirn spielt. Der Vagusnerv fungiert als eine Art Autobahn, die Signale in beide Richtungen überträgt. Wenn der Darm entzündet ist oder aus dem Gleichgewicht gerät, kann dies über den Vagusnerv an das Gehirn weitergegeben werden und umgekehrt. Diese bidirektionale Kommunikation kann erklären, warum Darmprobleme oft mit psychischen Störungen einhergehen.

Eine weitere Theorie, die in der wissenschaftlichen Gemeinschaft an Bedeutung gewinnt, ist die Rolle von Neurotransmittern, die im Darm produziert werden. Es ist bekannt, dass der Darm eine große Anzahl von Neurotransmittern produziert, darunter Serotonin, das oft als "Glückshormon" bezeichnet wird. Tatsächlich befinden sich etwa 90% des Serotonins im menschlichen Körper im Darm. Veränderungen in der Darmflora können die Produktion und Freisetzung von Serotonin und anderen Neurotransmittern beeinflussen, was wiederum die Gehirnfunktion und das emotionale Wohlbefinden beeinflussen kann.

Eine dritte Theorie konzentriert sich auf die Immunfunktion des Darms. Der Darm ist das größte immunologische Organ des Körpers und beherbergt etwa 70% des Immunsystems. Entzündliche Prozesse im Darm können proinflammatorische Zytokine freisetzen, die in den Blutkreislauf gelangen und die Blut-Hirn-Schranke überwinden können. Diese entzündlichen Moleküle können das zentrale Nervensystem beeinflussen und zu neuroinflammatorischen Zuständen führen, die mit psychischen Störungen wie Depressionen und Angstzuständen verbunden sind.

Schließlich werfen wir einen Blick auf die Auswirkungen von Darmmikrobiota auf die Gehirnfunktion. Die Darmmikrobiota besteht aus Billionen von Mikroorganismen, die eine symbiotische Beziehung mit unserem Körper eingehen. Diese Mikroorganismen spielen eine entscheidende Rolle bei der Verdauung, der Synthese von Vitaminen und der Aufrechterhaltung des Immunsystems. Doch ihre Rolle geht weit über den Darm hinaus; sie beeinflussen auch unsere Gehirnfunktion und unser Verhalten.

Eine Studie des Max-Planck-Instituts für Psychiatrie in München zeigte, dass die Zusammensetzung der Darmmikrobiota das Verhalten von Mäusen beeinflussen kann. Mäuse, die mit bestimmten Bakterienstämmen gefüttert wurden, zeigten weniger stressbedingtes Verhalten und eine erhöhte Produktion von Neurotransmittern im Gehirn. Diese Ergebnisse deuten darauf hin, dass eine gezielte Manipulation der Darmflora potenziell zur Behandlung von stressbedingten Störungen beim Menschen eingesetzt werden könnte.

Ein weiteres faszinierendes Experiment der McMaster University in Kanada untersuchte den Einfluss der Darmmikrobiota auf das soziale Verhalten. In dieser Studie wurden keimfreie Mäuse, die keine eigenen Darmbakterien hatten, mit Darmbakterien von sozial ängstlichen Mäusen besiedelt. Die keimfreien Mäuse entwickelten daraufhin ebenfalls ängstliches Verhalten, was darauf hindeutet, dass die Darmmikrobiota das Verhalten und die Stressreaktion beeinflussen kann.Darüber hinaus hat eine groß angelegte Studie der University of California, San Francisco gezeigt, dass die Diversität der Darmmikrobiota mit der kognitiven Funktion im Alter korreliert. Ältere Erwachsene mit einer vielfältigeren Darmflora schnitten bei kognitiven Tests besser ab und zeigten eine geringere Neigung zu neurodegenerativen Erkrankungen wie Alzheimer. Diese Ergebnisse unterstreichen die Bedeutung einer gesunden und vielfältigen Darmflora für die Aufrechterhaltung der Gehirnfunktion im Alter.

Zusammenfassend lässt sich sagen, dass die neuesten wissenschaftlichen Studien, Theorien und Erkenntnisse die wichtige Rolle des Darms für unsere mentale und emotionale Gesundheit verdeutlichen. Die bidirektionale Kommunikation zwischen Darm und Gehirn, vermittelt durch den Vagusnerv, Neurotransmitter und das Immunsystem, zeigt, wie eng diese beiden Organe miteinander verbunden sind. Die Auswirkungen der Darmmikrobiota auf die Gehirnfunktion und das Verhalten eröffnen spannende neue Möglichkeiten für die Prävention und Behandlung von psychischen und neurodegenerativen Erkrankungen.Indem wir unsere Ernährung und Lebensweise anpassen, können wir die Gesundheit unserer Darmmikrobiota unterstützen und damit auch unsere geistige Gesundheit fördern. Achtsames Essen, die Integration von Prä- und Probiotika und eine ballaststoffreiche Ernährung sind nur einige der Strategien, die wir nutzen können, um die Darm-Hirn-Verbindung zu stärken und unser Wohlbefinden zu verbessern. Die Erkenntnisse aus der Forschung zur Darm-Hirn-Verbindung bieten wertvolle Einblicke und praktische Ansätze, um unser Leben auf vielfältige Weise zu bereichern und zu verbessern.

Präbiotika und Probiotika: Eine praktische Anleitung

Die Gesundheit unseres Darms ist entscheidend für unser allgemeines Wohlbefinden und unsere mentale Gesundheit. Präbiotika und Probiotika spielen dabei eine wesentliche Rolle. Doch was genau sind Präbiotika und Probiotika, und wie können wir sie in unsere tägliche Ernährung integrieren, um die Vorteile voll auszuschöpfen?

Beginnen wir mit der Definition und den Unterschieden zwischen Präbiotika und Probiotika. Präbiotika sind unverdauliche Nahrungsbestandteile, die das Wachstum und die Aktivität bestimmter nützlicher Bakterien im Darm fördern. Sie dienen als Nahrung für die guten Bakterien und helfen, ein gesundes Mikrobiom zu erhalten. Probiotika hingegen sind lebende Mikroorganismen, die, wenn sie in ausreichender Menge konsumiert werden, positive gesundheitliche Wirkungen haben. Diese „guten Bakterien" unterstützen die Balance der Darmflora und tragen zur Verdauung und zum Immunsystem bei.

Es ist wichtig zu verstehen, dass Präbiotika und Probiotika zusammenarbeiten, um die Darmgesundheit zu fördern. Präbiotika bieten die notwendigen Nährstoffe, damit Probiotika gedeihen und ihre wohltuenden Wirkungen entfalten können. Ein ausgewogenes Verhältnis beider ist daher entscheidend für eine optimale Darmfunktion.

Werfen wir einen Blick auf Nahrungsmittelquellen für Präbiotika und Probiotika. Präbiotika sind in einer Vielzahl von pflanzlichen Lebensmitteln enthalten. Besonders reich an Präbiotika sind Ballaststoffe wie Inulin und Oligofruktose, die in Zwiebeln, Knoblauch, Lauch, Spargel, Bananen und Hafer vorkommen. Diese Lebensmittel liefern nicht nur die notwendigen Präbiotika, sondern auch viele andere wichtige Nährstoffe und Ballaststoffe, die die allgemeine Gesundheit fördern.

Probiotika sind hauptsächlich in fermentierten Lebensmitteln zu finden. Joghurt mit lebenden Kulturen ist wahrscheinlich das bekannteste probiotische Lebensmittel. Weitere gute Quellen sind Kefir, Sauerkraut, Kimchi, Miso, Tempeh und bestimmte Käsesorten. Diese fermentierten Lebensmittel enthalten lebende Bakterienkulturen, die dazu beitragen, das Gleichgewicht der Darmflora zu unterstützen und die Verdauung zu verbessern.

Nun stellt sich die Frage, wie man Präbiotika und Probiotika in die tägliche Ernährung integriert. Dies kann auf verschiedene einfache und leckere Weisen geschehen. Beginnen Sie Ihren Tag mit einem Frühstück, das reich an Präbiotika ist. Ein Smoothie mit Banane, Hafer und etwas Inulin-Pulver kann eine ausgezeichnete Wahl sein. Haferflocken mit einer Portion Beeren und einem Teelöffel Chiasamen bieten ebenfalls eine gute Quelle für Präbiotika.

Für die Integration von Probiotika könnten Sie Joghurt oder Kefir in Ihr Frühstück einbauen. Ein Joghurt mit lebenden Kulturen, gemischt mit Früchten und Nüssen, ist nicht nur nahrhaft, sondern auch probiotisch wirksam. Alternativ können Sie einen Kefir-Smoothie mit Beeren und etwas Honig zubereiten, um Ihre Probiotika-Dosis zu erhalten.

Auch das Mittagessen kann leicht prä- und probiotische Elemente enthalten. Ein frischer Salat mit Zwiebeln, Knoblauch und Spargel bietet reichlich Präbiotika. Ergänzen Sie den Salat mit einer Portion fermentiertem Gemüse wie Sauerkraut oder Kimchi, um auch Probiotika zu integrieren. Ein Sandwich mit Vollkornbrot, das Inulin enthält, kombiniert mit einer Schicht Hummus und etwas Sauerkraut, kann ebenfalls eine schmackhafte und gesunde Wahl sein.

Zum Abendessen könnten Sie Gerichte in Betracht ziehen, die reich an Präbiotika sind, wie z.B. eine Gemüsesuppe mit Lauch und Knoblauch oder eine Quiche mit Spargel. Probiotika lassen sich leicht durch Beilagen wie Miso-Suppe oder Tempeh-Gerichte integrieren. Ein weiteres Beispiel wäre ein Curry mit Knoblauch und Zwiebeln, serviert mit einem kleinen Beilagensalat aus fermentiertem Gemüse.

Snacks sind eine weitere Gelegenheit, Präbiotika und Probiotika in Ihre Ernährung einzubauen. Ein probiotischer Joghurt oder Kefir, kombiniert mit einem präbiotischen Lebensmittel wie einer Banane, ist ein perfekter Zwischenmahlzeit. Auch eine Handvoll Nüsse und Samen, gemischt mit getrockneten Früchten, kann als präbiotischer Snack dienen.

Es ist wichtig, darauf zu achten, dass die Aufnahme von Prä- und Probiotika schrittweise erfolgt, besonders wenn Ihr Darm anfangs empfindlich reagiert. Beginnen Sie mit kleinen Mengen und steigern Sie diese langsam, um Ihrem Körper Zeit zu geben, sich anzupassen. Achten Sie auch darauf, eine Vielzahl von Quellen zu wählen, um die Vielfalt der guten Bakterien in Ihrem Darm zu fördern.

Zusätzlich zur Ernährung können probiotische Nahrungsergänzungsmittel eine nützliche Ergänzung sein, besonders wenn es schwierig ist, genügend probiotische Lebensmittel in die tägliche Ernährung einzubauen. Diese Ergänzungsmittel sind in verschiedenen Formen erhältlich, darunter Kapseln, Pulver und Flüssigkeiten. Es ist ratsam, bei der Auswahl eines probiotischen Ergänzungsmittels auf Qualität zu achten und Produkte zu wählen, die verschiedene Bakterienstämme enthalten.

Die Integration von Präbiotika und Probiotika in die tägliche Ernährung erfordert etwas Planung und Bewusstsein, kann aber einen erheblichen Unterschied für Ihre Gesundheit machen. Ein gesunder Darm fördert nicht nur die Verdauung, sondern stärkt auch das Immunsystem, unterstützt die geistige Gesundheit und trägt insgesamt zu einem besseren Wohlbefinden bei.

Durch die bewusste Auswahl und Kombination prä- und probiotischer Lebensmittel können Sie die Gesundheit Ihres Darms effektiv unterstützen und die Vorteile dieser wichtigen Nahrungsbestandteile voll ausschöpfen. Denken Sie daran, dass eine abwechslungsreiche und ausgewogene Ernährung der Schlüssel zu einem gesunden Darm und einem gesunden Leben ist. Indem Sie regelmäßig Präbiotika und Probiotika in Ihre Mahlzeiten integrieren, fördern Sie eine stabile und vielfältige Darmflora, die die Grundlage für Ihre Gesundheit bildet.

Betrachten wir abschließend die langfristigen Vorteile der regelmäßigen Einnahme von Präbiotika und Probiotika. Eine ausgewogene Darmflora kann helfen, chronische Entzündungen zu reduzieren, die häufig die Ursache vieler Gesundheitsprobleme sind. Sie kann auch die Aufnahme von Nährstoffen verbessern und die Produktion von wichtigen Vitaminen und Hormonen unterstützen. Diese Effekte tragen insgesamt zu einer besseren körperlichen und geistigen Gesundheit bei und können das Risiko für zahlreiche Erkrankungen senken.

Die wissenschaftlichen Erkenntnisse zur Bedeutung von Präbiotika und Probiotika sind klar und überzeugend. Durch die gezielte Integration dieser Elemente in Ihre Ernährung können Sie einen erheblichen Beitrag zu Ihrer Gesundheit und Ihrem allgemeinen Wohlgefühl leisten. Nutzen Sie die vielfältigen Möglichkeiten, die Ihnen zur Verfügung stehen, um Ihre Ernährung zu bereichern und die Darm-Hirn-Verbindung zu stärken.

Verdauungsgesundheit und emotionales Wohlbefinden

Die Verbindung zwischen unserer Verdauungsgesundheit und unserem emotionalen Wohlbefinden ist tiefgreifend und komplex. Zahlreiche Studien und Forschungen haben gezeigt, dass der Zustand unseres Darms erheblichen Einfluss auf unsere geistige und emotionale Gesundheit hat. Ein gesunder Darm kann nicht nur unsere körperliche Gesundheit fördern, sondern auch unser emotionales Gleichgewicht und unsere mentale Klarheit verbessern. Lassen Sie uns einen genaueren Blick darauf werfen, wie die Verdauungsgesundheit mit unserem emotionalen Wohlbefinden zusammenhängt, beginnend mit der Rolle des Darms bei der Produktion von Neurotransmittern.

Der Darm wird oft als unser „zweites Gehirn" bezeichnet, und das aus gutem Grund. Die Rolle des Darms bei der Produktion von Neurotransmittern ist entscheidend für unser emotionales Wohlbefinden. Neurotransmitter sind chemische Botenstoffe, die Signale im Gehirn übertragen und zahlreiche Prozesse im Körper regulieren, darunter Stimmung, Schlaf und Appetit. Serotonin, ein wichtiger Neurotransmitter, der oft als „Glückshormon" bezeichnet wird, spielt eine zentrale Rolle bei der Regulierung unserer Stimmung. Erstaunlicherweise befinden sich etwa 90% des gesamten Serotonins in unserem Darm. Dies zeigt, wie eng unser Darm mit unserer emotionalen Gesundheit verbunden ist.

Aber nicht nur Serotonin wird im Darm produziert. Auch andere Neurotransmitter wie Dopamin, das für Belohnung und Motivation verantwortlich ist, und Gamma-Aminobuttersäure (GABA), die eine beruhigende Wirkung hat, werden teilweise im Darm synthetisiert. Ein Ungleichgewicht in der Darmflora kann die Produktion dieser Neurotransmitter beeinträchtigen und somit unser emotionales Wohlbefinden negativ beeinflussen. Dies unterstreicht die Bedeutung einer gesunden Darmflora für unsere geistige und emotionale Gesundheit.

Der Einfluss von Darmgesundheit auf Angst und Depression ist ein weiteres faszinierendes und wichtiges Thema. Es gibt immer mehr Beweise dafür, dass eine unausgeglichene Darmflora, auch als Dysbiose bekannt, mit einer erhöhten Anfälligkeit für psychische Störungen wie Angst und Depression verbunden ist. Forschungen haben gezeigt, dass Menschen mit Depressionen oft auch an Magen-Darm-Problemen leiden. Diese Verbindung wird durch die bidirektionale Kommunikation zwischen Darm und Gehirn vermittelt, die durch den Vagusnerv, das Immunsystem und hormonelle Signale erfolgt.

Eine Studie der University of California, Los Angeles (UCLA) hat gezeigt, dass die Zusammensetzung der Darmmikrobiota einen direkten Einfluss auf die Gehirnfunktion und das emotionale Verhalten haben kann. Teilnehmer, die probiotische Lebensmittel konsumierten, zeigten eine verbesserte emotionale Reaktion und eine geringere Stressanfälligkeit. Diese Ergebnisse legen nahe, dass die Förderung einer gesunden Darmflora durch Ernährung und probiotische Nahrungsergänzungsmittel eine wirksame Strategie zur Unterstützung der emotionalen Gesundheit sein kann.

Ein weiteres bemerkenswertes Beispiel ist die Forschung zur Wirkung von Prä- und Probiotika auf Menschen mit Reizdarmsyndrom (IBS) und komorbiden Angststörungen. Diese Studien haben gezeigt, dass die Einnahme bestimmter probiotischer Stämme nicht nur die Symptome des IBS lindert, sondern auch die Angstwerte signifikant reduziert. Diese Ergebnisse verdeutlichen, wie eng der Zustand unseres Darms mit unserer psychischen Gesundheit verknüpft ist und wie wichtig es ist, auf eine gesunde Darmflora zu achten.

Nun zu den praktischen Tipps zur Förderung der Verdauungsgesundheit. Es gibt viele Möglichkeiten, wie Sie Ihre Darmgesundheit unterstützen und somit Ihr emotionales Wohlbefinden verbessern können. Eine der wichtigsten Maßnahmen ist eine ausgewogene und nährstoffreiche Ernährung. Achten Sie darauf, viele Ballaststoffe in Ihre Ernährung zu integrieren, da diese als Nahrung für die nützlichen Bakterien im Darm dienen. Ballaststoffreiche Lebensmittel wie Vollkornprodukte, Obst, Gemüse und Hülsenfrüchte sind daher unerlässlich für eine gesunde Verdauung.

Der regelmäßige Verzehr von fermentierten Lebensmitteln kann ebenfalls dazu beitragen, die Darmflora zu unterstützen. Lebensmittel wie Joghurt, Sauerkraut, Kimchi, Miso und Kefir enthalten lebende Bakterienkulturen, die das Gleichgewicht der Darmmikrobiota fördern. Diese probiotischen Lebensmittel können helfen, eine gesunde Darmflora aufrechtzuerhalten und die Produktion von Neurotransmittern zu unterstützen, die für unser emotionales Wohlbefinden wichtig sind.

Ein weiterer wichtiger Tipp ist die Vermeidung von übermäßigem Zucker- und Alkoholkonsum. Beide können das Gleichgewicht der Darmflora stören und Entzündungen im Darm fördern. Stattdessen sollten Sie auf eine ausgewogene Ernährung mit natürlichen Lebensmitteln setzen, die reich an Nährstoffen und arm an verarbeiteten Zutaten sind.

Regelmäßige Bewegung ist ebenfalls entscheidend für die Förderung der Darmgesundheit. Bewegung kann die Darmmotilität verbessern und das Wachstum nützlicher Bakterien im Darm fördern. Studien haben gezeigt, dass körperliche Aktivität positive Auswirkungen auf die Zusammensetzung der Darmmikrobiota hat und somit zur allgemeinen Gesundheit und zum emotionalen Wohlbefinden beiträgt.

Stressmanagement ist ein weiterer wichtiger Aspekt, der nicht vernachlässigt werden sollte. Chronischer Stress kann die Darmgesundheit negativ beeinflussen und zu einer Dysbiose führen. Techniken wie Meditation, Yoga und Atemübungen können helfen, Stress abzubauen und eine gesunde Darmfunktion zu unterstützen. Achtsamkeit und Entspannungstechniken fördern nicht nur die Darmgesundheit, sondern verbessern auch die emotionale Resilienz und das allgemeine Wohlbefinden.

Hydratation spielt ebenfalls eine entscheidende Rolle für eine gesunde Verdauung. Ausreichendes Trinken unterstützt die Verdauung und den Transport von Nährstoffen im Körper. Achten Sie darauf, täglich genügend Wasser zu trinken, um Ihre Darmfunktion zu unterstützen und Dehydrierung zu vermeiden.

Schlaf ist ein oft unterschätzter, aber wesentlicher Faktor für die Darmgesundheit und das emotionale Wohlbefinden. Ein erholsamer Schlaf ist entscheidend für die Regeneration des Körpers und die Aufrechterhaltung einer gesunden Darmflora. Sorgen Sie für eine gute Schlafhygiene, indem Sie regelmäßige Schlafzeiten einhalten, eine entspannende Schlafumgebung schaffen und auf koffeinhaltige Getränke vor dem Schlafengehen verzichten.

Es ist auch hilfreich, auf Ihre Körperhaltung zu achten, besonders während und nach den Mahlzeiten. Eine aufrechte Sitzposition kann die Verdauung unterstützen, indem sie den natürlichen Fluss der Verdauungssäfte fördert. Vermeiden Sie es, sich nach dem Essen sofort hinzulegen oder sich stark zu bücken, um Sodbrennen und andere Verdauungsprobleme zu vermeiden.

Indem wir diese praktischen Tipps in unseren Alltag integrieren, können wir unsere Darmgesundheit effektiv unterstützen und gleichzeitig unser emotionales Wohlbefinden fördern. Die enge Verbindung zwischen unserem Verdauungssystem und unserer psychischen Gesundheit zeigt, wie wichtig es ist, auf eine gesunde

Darmflora zu achten. Eine bewusste Ernährung, regelmäßige Bewegung, ausreichende Hydratation, Stressmanagement und guter Schlaf sind entscheidende Faktoren, die dazu beitragen, ein gesundes Gleichgewicht im Darm zu erhalten und somit unser allgemeines Wohlbefinden zu verbessern.

Letztendlich zeigt die Verbindung zwischen Verdauungsgesundheit und emotionalem Wohlbefinden, dass unser Körper und unser Geist untrennbar miteinander verbunden sind. Indem wir uns um unsere Darmgesundheit kümmern, können wir nicht nur unsere körperliche Gesundheit fördern, sondern auch unsere emotionale und mentale Stabilität stärken. Die Implementierung dieser einfachen, aber wirkungsvollen Strategien kann einen erheblichen Unterschied in unserem täglichen Leben machen und uns helfen, ein gesünderes, glücklicheres und ausgeglicheneres Leben zu führen.

Darmmikrobiom und seine Auswirkungen auf die Psyche

Das Darmmikrobiom, die Gemeinschaft von Billionen von Mikroorganismen, die unseren Darm besiedeln, spielt eine entscheidende Rolle für unsere Gesundheit und unser Wohlbefinden. In den letzten Jahren hat die Wissenschaft zunehmend erkannt, wie eng das Darmmikrobiom mit unserer psychischen Gesundheit verknüpft ist. Die Zusammensetzung und Funktion des Darmmikrobioms, der Zusammenhang zwischen Darmflora und psychischen Störungen sowie Maßnahmen zur Förderung eines gesunden Darmmikrobioms sind zentrale Themen, die uns helfen können, das komplexe Zusammenspiel zwischen Darm und Psyche besser zu verstehen.

Ein guter Ausgangspunkt ist die Zusammensetzung und Funktion des Darmmikrobioms. Unser Darm beherbergt eine riesige Vielfalt an Bakterien, Viren, Pilzen und anderen Mikroorganismen, die in einer symbiotischen Beziehung zu uns leben. Diese Mikroben spielen eine wesentliche Rolle bei der Verdauung von Nahrung, der Synthese von Vitaminen und der Regulation des Immunsystems. Ein ausgewogenes Darmmikrobiom unterstützt nicht nur die körperliche Gesundheit, sondern auch die mentale und emotionale Stabilität.

Die Zusammensetzung des Darmmikrobioms variiert von Person zu Person und wird durch zahlreiche Faktoren beeinflusst, darunter Genetik, Ernährung, Lebensstil und Umwelt. Ein gesundes Mikrobiom ist durch eine hohe Diversität gekennzeichnet, das heißt, es enthält eine Vielzahl unterschiedlicher Mikroorganismen, die in einem harmonischen Gleichgewicht zusammenleben. Diese Vielfalt ist wichtig, da sie das System widerstandsfähiger gegen Störungen macht und eine optimale Funktion sicherstellt.

Ein Ungleichgewicht im Darmmikrobiom, auch als Dysbiose bekannt, kann zu einer Vielzahl von gesundheitlichen Problemen führen. Dysbiose entsteht, wenn das Gleichgewicht der Mikroorganismen gestört ist, beispielsweise durch eine schlechte Ernährung, Stress oder die Einnahme von Antibiotika. Dieses Ungleichgewicht kann nicht nur Verdauungsprobleme verursachen, sondern auch weitreichende Auswirkungen auf die psychische Gesundheit haben.

Der Zusammenhang zwischen Darmflora und psychischen Störungen wird durch eine wachsende Anzahl von wissenschaftlichen Studien belegt. Forschungsergebnisse zeigen, dass eine gestörte Darmflora mit einer erhöhten Anfälligkeit für psychische Störungen wie Depressionen, Angststörungen und sogar Schizophrenie verbunden ist. Diese Verbindung wird durch die bidirektionale Kommunikation zwischen Darm und Gehirn vermittelt, die durch den Vagusnerv, das Immunsystem und hormonelle Signale erfolgt.

Eine bemerkenswerte Studie der University of California, Los Angeles (UCLA) hat gezeigt, dass Menschen mit Depressionen oft auch eine gestörte Darmflora aufweisen. Diese Studie legt nahe, dass Veränderungen in der Zusammensetzung der Darmbakterien zur Entwicklung und Aufrechterhaltung von Depressionen beitragen können. Ebenso haben Tierstudien gezeigt, dass Mäuse, denen bestimmte nützliche Darmbakterien fehlen, ein erhöhtes Angstverhalten aufweisen. Diese Ergebnisse deuten darauf hin, dass das Darmmikrobiom eine zentrale Rolle bei der Regulation von Stimmung und emotionalem Verhalten spielt.

Darüber hinaus haben Studien gezeigt, dass die Gabe von Probiotika, also lebenden Mikroorganismen, die die Gesundheit fördern, positive Auswirkungen auf die psychische Gesundheit haben kann. Eine Meta-Analyse von Studien zur Wirkung von Probiotika bei Menschen mit Angst- und Depressionssymptomen ergab, dass Probiotika signifikant zur Reduktion dieser Symptome beitragen können. Diese Ergebnisse stützen die Hypothese, dass die Modulation der Darmflora eine vielversprechende Strategie zur Behandlung psychischer Störungen sein könnte.

Nun stellt sich die Frage, welche Maßnahmen zur Förderung eines gesunden Darmmikrobioms ergriffen werden können, um sowohl die körperliche als auch die psychische Gesundheit zu unterstützen. Eine der wichtigsten Maßnahmen ist eine ausgewogene und nährstoffreiche Ernährung. Eine ballaststoffreiche Ernährung mit viel Obst, Gemüse, Vollkornprodukten und Hülsenfrüchten fördert das Wachstum nützlicher Bakterien im Darm. Ballaststoffe dienen als Präbiotika, die den guten Bakterien als Nahrung dienen und somit eine gesunde Darmflora unterstützen.

Der regelmäßige Verzehr von fermentierten Lebensmitteln wie Joghurt, Sauerkraut, Kimchi, Miso und Kefir kann ebenfalls dazu beitragen, die Darmflora zu stärken. Diese Lebensmittel enthalten probiotische Kulturen, die das Gleichgewicht der Darmbakterien fördern und die Verdauungsgesundheit unterstützen. Probiotische Nahrungsergänzungsmittel können ebenfalls hilfreich sein, insbesondere für Menschen, die Schwierigkeiten haben, genügend fermentierte Lebensmittel in ihre Ernährung zu integrieren.

Ein weiterer wichtiger Faktor ist die Vermeidung von übermäßigem Zucker- und Alkoholkonsum, da diese das Gleichgewicht der Darmflora stören können. Stattdessen sollten Sie sich auf eine Ernährung konzentrieren, die reich an natürlichen, unverarbeiteten Lebensmitteln ist. Eine ausgewogene Ernährung mit einem hohen Anteil an pflanzlichen Lebensmitteln und gesunden Fetten kann dazu beitragen, die Diversität der Darmflora zu erhalten und zu fördern.

Stressmanagement ist ebenfalls entscheidend für die Erhaltung einer gesunden Darmflora. Chronischer Stress kann die Zusammensetzung der Darmbakterien negativ beeinflussen und zu Dysbiose führen. Techniken wie Meditation, Yoga und Atemübungen können helfen, Stress abzubauen und eine gesunde Darmfunktion zu unterstützen. Regelmäßige Bewegung fördert ebenfalls eine gesunde Darmflora, indem sie die Darmmotilität verbessert und das Wachstum nützlicher Bakterien unterstützt.

Schlaf ist ein weiterer wichtiger Faktor für die Darmgesundheit. Ein regelmäßiger Schlaf-Wach-Rhythmus und ausreichender Schlaf sind entscheidend für die Regeneration des Körpers und die Aufrechterhaltung einer gesunden Darmflora. Achten Sie auf eine gute Schlafhygiene, indem Sie regelmäßige Schlafzeiten einhalten, eine entspannende Schlafumgebung schaffen und auf koffeinhaltige Getränke vor dem Schlafengehen verzichten.

Die Hydratation sollte ebenfalls nicht vernachlässigt werden. Ausreichendes Trinken unterstützt die Verdauung und den Transport von Nährstoffen im Körper. Achten Sie darauf, täglich genügend Wasser zu trinken, um die Darmfunktion zu unterstützen und Dehydrierung zu vermeiden.

Durch die Integration dieser Maßnahmen in Ihren Alltag können Sie die Gesundheit Ihres Darmmikrobioms fördern und somit auch Ihre psychische Gesundheit unterstützen. Ein gesundes Darmmikrobiom trägt nicht nur zur körperlichen Gesundheit bei, sondern spielt auch eine entscheidende Rolle für das emotionale Wohlbefinden und die geistige Klarheit. Indem Sie auf eine ausgewogene Ernährung, regelmäßige Bewegung, ausreichende Hydratation, Stressmanagement und guten Schlaf achten, können Sie das Gleichgewicht Ihrer Darmflora erhalten und die vielfältigen Vorteile eines gesunden Darms genießen.

Die Verbindung zwischen dem Darmmikrobiom und der Psyche zeigt, wie wichtig es ist, unsere Darmgesundheit zu pflegen. Indem wir uns um unser Mikrobiom kümmern, unterstützen wir nicht nur unsere körperliche Gesundheit, sondern auch unser emotionales und mentales Wohlbefinden. Nutzen Sie die Erkenntnisse aus der Forschung zur Darm-Hirn-Verbindung, um Ihr Leben auf vielfältige Weise zu bereichern und zu verbessern.

Ernährungsstrategien zur Optimierung der Darmgesundheit

Eine gesunde Darmflora ist entscheidend für unser allgemeines Wohlbefinden. Durch gezielte Ernährungsstrategien können wir die Gesundheit unseres Darms erheblich verbessern und somit auch unsere körperliche und geistige Gesundheit unterstützen. In diesem Abschnitt werfen wir einen detaillierten Blick auf die Bedeutung einer ballaststoffreichen Ernährung, den Nutzen fermentierter Lebensmittel und die Notwendigkeit, bestimmte Nahrungsmittel zu vermeiden, um die Darmgesundheit zu optimieren.

Zunächst betrachten wir die Ballaststoffreiche Ernährung und ihre Vorteile. Ballaststoffe sind unverdauliche Pflanzenbestandteile, die eine wesentliche Rolle für die Gesundheit unseres Verdauungssystems spielen. Sie fördern die Darmbewegungen, indem sie das Stuhlvolumen erhöhen und somit eine regelmäßige Verdauung unterstützen. Eine ballaststoffreiche Ernährung kann Verstopfung vorbeugen und das Risiko von Darmkrankheiten reduzieren.

Es gibt zwei Haupttypen von Ballaststoffen: lösliche und unlösliche Ballaststoffe. Lösliche Ballaststoffe lösen sich in Wasser auf und bilden eine gelartige Substanz, die die Verdauung verlangsamt und die Aufnahme von Zucker und Cholesterin reguliert. Unlösliche Ballaststoffe hingegen bleiben weitgehend unverändert, während sie durch den Darm wandern, und helfen, den Stuhl zu formen und die Passage durch den Verdauungstrakt zu beschleunigen. Beide Ballaststofftypen sind für eine gesunde Darmfunktion unerlässlich.

Lebensmittel, die reich an Ballaststoffen sind, umfassen Obst, Gemüse, Vollkornprodukte, Nüsse und Samen. Besonders hervorzuheben sind Haferflocken, Leinsamen, Chiasamen, Beeren und grüne Blattgemüse, die hervorragende Quellen für lösliche und unlösliche Ballaststoffe bieten. Durch die Integration dieser Lebensmittel in Ihre täglichen Mahlzeiten können Sie die Gesundheit Ihres Darms effektiv unterstützen.

Eine ballaststoffreiche Ernährung bietet zahlreiche Vorteile. Sie fördert nicht nur eine gesunde Verdauung, sondern hilft auch, den Blutzuckerspiegel zu stabilisieren, das Risiko von Herzerkrankungen zu senken und das Gewicht zu kontrollieren. Ballaststoffe tragen zur Sättigung bei und können somit Überessen verhindern, was zu einem gesünderen Körpergewicht beiträgt. Darüber hinaus unterstützen Ballaststoffe die Bildung kurzkettiger Fettsäuren im Darm, die entzündungshemmende Eigenschaften haben und die Darmbarriere stärken.

Ein weiterer wichtiger Aspekt der Darmgesundheit ist die Bedeutung von fermentierten Lebensmitteln. Fermentierte Lebensmittel enthalten lebende Bakterienkulturen, die als Probiotika bekannt sind. Diese Probiotika können das Gleichgewicht der Darmflora fördern und die Anzahl der nützlichen Bakterien im Darm erhöhen. Fermentierte Lebensmittel sind nicht nur reich an Probiotika, sondern auch an Enzymen und Nährstoffen, die die Verdauung unterstützen.

Zu den häufigsten fermentierten Lebensmitteln gehören Joghurt, Sauerkraut, Kimchi, Kefir, Miso, Tempeh und fermentierte Sojabohnen. Joghurt mit lebenden Kulturen ist wahrscheinlich das bekannteste probiotische Lebensmittel. Es enthält Milchsäurebakterien, die die Darmgesundheit fördern und die Verdauung verbessern können. Sauerkraut und Kimchi, fermentiertes Gemüse, sind reich an Milchsäurebakterien und bieten eine ausgezeichnete Quelle für Probiotika und Nährstoffe.

Kefir, ein fermentiertes Milchgetränk, enthält eine Vielzahl von Bakterienstämmen und Hefen, die die Darmflora unterstützen.

Miso und Tempeh, fermentierte Sojabohnenprodukte, sind ebenfalls reich an Probiotika und bieten zusätzliche gesundheitliche Vorteile, darunter die Unterstützung des Immunsystems und die Förderung einer gesunden Verdauung. Die regelmäßige Integration dieser fermentierten Lebensmittel in Ihre Ernährung kann erheblich zur Verbesserung der Darmgesundheit beitragen.

Fermentierte Lebensmittel bieten nicht nur Probiotika, sondern auch Präbiotika, die als Nahrung für die probiotischen Bakterien dienen. Diese Synergie zwischen Prä- und Probiotika unterstützt ein gesundes Mikrobiom und trägt zur allgemeinen Darmgesundheit bei. Fermentierte Lebensmittel sind auch leicht verdaulich und können die Nährstoffaufnahme verbessern, indem sie den Abbau von Antinährstoffen fördern.

Während eine ballaststoffreiche Ernährung und fermentierte Lebensmittel entscheidend für die Darmgesundheit sind, ist es ebenso wichtig, bestimmte Nahrungsmittel zu vermeiden, die die Darmgesundheit beeinträchtigen können. Zu diesen problematischen Nahrungsmitteln gehören stark verarbeitete Lebensmittel, Zucker, künstliche Süßstoffe und Alkohol. Diese Nahrungsmittel können das Gleichgewicht der Darmflora stören und zu einer Dysbiose führen, die mit verschiedenen Verdauungsproblemen und gesundheitlichen Beschwerden verbunden ist.

Stark verarbeitete Lebensmittel enthalten oft wenig bis keine Ballaststoffe und viele Zusatzstoffe, die die Darmgesundheit negativ beeinflussen können. Zucker und künstliche Süßstoffe können das Wachstum schädlicher Bakterien und Hefen im Darm fördern und entzündliche Prozesse auslösen. Alkohol kann die Darmbarriere schwächen und die Zusammensetzung der Darmflora verändern, was zu einer erhöhten Durchlässigkeit des Darms und entzündlichen Reaktionen führen kann.

Um die Darmgesundheit zu fördern, ist es ratsam, auf eine natürliche und ausgewogene Ernährung zu setzen, die reich an Ballaststoffen und fermentierten Lebensmitteln ist und arm an verarbeiteten Lebensmitteln, Zucker und Alkohol. Achten Sie darauf, eine Vielzahl von pflanzlichen Lebensmitteln in Ihre Ernährung zu integrieren, um eine hohe Diversität der Darmflora zu unterstützen und eine optimale Verdauungsgesundheit zu gewährleisten.

Zusammenfassend lässt sich sagen, dass eine gesunde Darmflora entscheidend für unser körperliches und geistiges Wohlbefinden ist. Durch die Umsetzung gezielter Ernährungsstrategien, die eine ballaststoffreiche Ernährung, den regelmäßigen Verzehr fermentierter Lebensmittel und die Vermeidung schädlicher Nahrungsmittel umfassen, können wir die Gesundheit unseres Darms erheblich verbessern. Diese Maßnahmen tragen nicht nur zur Verbesserung der Verdauung bei, sondern fördern auch das emotionale und mentale Wohlbefinden, indem sie das Gleichgewicht der Darmflora unterstützen und entzündliche Prozesse im Körper reduzieren.

Indem Sie diese Ernährungsstrategien in Ihren Alltag integrieren, können Sie langfristig von den vielfältigen Vorteilen einer gesunden Darmflora profitieren und Ihr allgemeines Wohlbefinden steigern. Nutzen Sie die Kraft der Ernährung, um Ihre Darmgesundheit zu optimieren und ein gesünderes, glücklicheres Leben zu führen.

Kapitel 8: Überwindung von ernährungsbedingten Stimmungsschwankungen

Erkennen und Vermeiden von problematischen Lebensmitteln

Die Fähigkeit, problematische Lebensmittel zu erkennen und zu vermeiden, ist ein entscheidender Schritt auf dem Weg zu besserer Gesundheit und Wohlbefinden. In unserer modernen Welt, in der verarbeitete Lebensmittel und ungesunde Essgewohnheiten allgegenwärtig sind, kann das Wissen darüber, welche Lebensmittel uns schaden, und wie wir sie vermeiden können, einen enormen Unterschied machen. Diese Fähigkeit schützt nicht nur vor akuten Gesundheitsproblemen, sondern trägt auch langfristig zur Prävention chronischer Krankheiten bei.

Verarbeitete Lebensmittel sind oft die größten Übeltäter, wenn es um problematische Ernährung geht. Diese Lebensmittel sind in der Regel reich an Zucker, Salz und ungesunden Fetten, während sie gleichzeitig arm an Nährstoffen sind. Sie enthalten häufig Konservierungsmittel, künstliche Aromen und Farbstoffe, die unsere Gesundheit auf lange Sicht beeinträchtigen können. Ein einfacher erster Schritt zur Verbesserung der Ernährung besteht darin, die Aufnahme solcher Lebensmittel zu reduzieren oder ganz zu vermeiden. Das bedeutet, weniger zu Produkten wie Chips, Fertiggerichten, Süßigkeiten und zuckerhaltigen Getränken zu greifen und stattdessen mehr frische, unverarbeitete Lebensmittel zu wählen.

Zucker ist ein weiteres großes Problem in unserer Ernährung. Ein übermäßiger Zuckerkonsum kann zu einer Vielzahl von Gesundheitsproblemen führen, darunter Fettleibigkeit, Diabetes Typ 2, Herzkrankheiten und sogar bestimmte Krebsarten. Zucker versteckt sich oft in Lebensmitteln, von denen man es nicht erwarten würde, wie Brot, Soßen und Suppen. Es ist daher wichtig, die Zutatenlisten sorgfältig zu lesen und Produkte zu wählen, die wenig oder keinen zugesetzten Zucker enthalten. Eine gute Faustregel ist, den Konsum von zuckerhaltigen Getränken wie Limonaden, Fruchtsäften und Energydrinks stark zu reduzieren und stattdessen Wasser, ungesüßten Tee oder selbstgemachte Getränke ohne Zucker zu bevorzugen.

Auch gesättigte und Transfette sind problematische Bestandteile vieler moderner Ernährungsweisen. Diese Fette erhöhen das Risiko für Herz-Kreislauf-Erkrankungen und können Entzündungen im Körper fördern. Sie kommen häufig in frittierten Lebensmitteln, Backwaren, Margarine und vielen verarbeiteten Snacks vor. Stattdessen sollten gesunde Fette aus Quellen wie Avocados, Nüssen, Samen und fettem Fisch bevorzugt werden. Diese Fette unterstützen nicht nur die Herzgesundheit, sondern auch die Gehirnfunktion und das allgemeine Wohlbefinden.

Ein weiterer wichtiger Punkt ist der Umgang mit Lebensmitteln, die Unverträglichkeiten oder Allergien auslösen können. Viele Menschen reagieren empfindlich auf bestimmte Lebensmittel wie Gluten, Laktose oder Nüsse. Diese Unverträglichkeiten können eine Vielzahl von Symptomen verursachen, von Verdauungsproblemen bis hin zu Hautausschlägen und Atembeschwerden. Es ist daher wichtig, auf die Signale des Körpers zu hören und bei Verdacht auf eine Unverträglichkeit einen Arzt oder Ernährungsberater zu konsultieren. Diese

Experten können helfen, die Auslöser zu identifizieren und eine geeignete Ernährungsstrategie zu entwickeln, um diese problematischen Lebensmittel zu vermeiden.

Neben den offensichtlichen Problemfeldern wie Zucker, gesättigten Fetten und Unverträglichkeiten gibt es auch weniger bekannte Risiken. Pestizidrückstände in Obst und Gemüse, Hormone und Antibiotika in Fleischprodukten sowie Schadstoffe in Fisch können ebenfalls gesundheitliche Probleme verursachen. Es kann hilfreich sein, auf Bio-Produkte umzusteigen, um das Risiko der Aufnahme solcher Schadstoffe zu minimieren. Bio-Produkte sind in der Regel weniger mit Pestiziden belastet und stammen oft von Tieren, die ohne den Einsatz von Hormonen und Antibiotika aufgezogen wurden.

Auch die Portionsgrößen spielen eine wesentliche Rolle. Selbst gesunde Lebensmittel können problematisch werden, wenn sie in übermäßigen Mengen konsumiert werden. Übermäßiges Essen führt zu Gewichtszunahme und kann langfristig zu Fettleibigkeit und anderen Gesundheitsproblemen führen. Eine ausgewogene Ernährung bedeutet nicht nur die Auswahl der richtigen Lebensmittel, sondern auch die richtige Menge zu essen. Hier kann das Führen eines Ernährungstagebuchs helfen, sich bewusster mit der eigenen Ernährung auseinanderzusetzen und ungesunde Essgewohnheiten zu erkennen und zu ändern.

Die Ernährung ist ein komplexes Thema, und es gibt keine Einheitslösung, die für jeden funktioniert. Jeder Mensch ist einzigartig, und was für den einen problematisch ist, kann für den anderen völlig unbedenklich sein. Es ist wichtig, auf den eigenen Körper zu hören und herauszufinden, welche Lebensmittel gut vertragen werden und welche nicht. Dabei können auch regelmäßige ärztliche Untersuchungen und Bluttests helfen, mögliche Mängel oder Probleme frühzeitig zu erkennen und zu beheben.

Insgesamt erfordert die Fähigkeit, problematische Lebensmittel zu erkennen und zu vermeiden, ein Bewusstsein für die eigenen Ernährungsgewohnheiten und die Bereitschaft, Änderungen vorzunehmen. Es mag anfangs herausfordernd erscheinen, aber die gesundheitlichen Vorteile sind es wert. Indem wir uns bewusst für gesündere Lebensmittel entscheiden und ungesunde vermeiden, können wir unsere Lebensqualität erheblich verbessern und unser Risiko für viele chronische Krankheiten reduzieren. Es ist ein Schritt in Richtung eines gesünderen, glücklicheren und längeren Lebens.

Tipps für stabile Stimmung durch Ernährung

Nachdem wir die problematischen Lebensmittel erkannt und Wege gefunden haben, diese zu vermeiden, ist es wichtig, sich darauf zu konzentrieren, welche Lebensmittel und Ernährungsstrategien unsere Stimmung stabilisieren und unser emotionales Wohlbefinden fördern können. Eine bewusste und ausgewogene Ernährung kann helfen, Stimmungsschwankungen zu verhindern und ein Gefühl der Stabilität und Ausgeglichenheit zu fördern. Hier sind einige Tipps, wie Sie Ihre Ernährung nutzen können, um Ihre Stimmung zu stabilisieren.

Ein erster wichtiger Punkt ist die Bedeutung von regelmäßigen Mahlzeiten. Schwankungen im Blutzuckerspiegel können erhebliche Auswirkungen auf unsere Stimmung haben. Um diese Schwankungen zu minimieren, ist es wichtig, regelmäßig zu essen und Mahlzeiten nicht auszulassen. Drei Hauptmahlzeiten und zwei gesunde Snacks pro Tag können helfen, den Blutzuckerspiegel stabil zu halten und Stimmungsschwankungen zu vermeiden. Eine gute Regel ist, alle drei bis vier Stunden eine Kleinigkeit zu essen.

Komplexe Kohlenhydrate sind eine hervorragende Wahl, um den Blutzuckerspiegel konstant zu halten. Im Gegensatz zu einfachen Kohlenhydraten, die schnell verdaut werden und einen raschen Anstieg und Abfall des Blutzuckerspiegels verursachen, werden komplexe Kohlenhydrate langsamer verdaut und sorgen für eine stetige Energiezufuhr. Vollkornprodukte wie brauner Reis, Quinoa, Haferflocken und Vollkornbrot sind ausgezeichnete Quellen für komplexe Kohlenhydrate. Diese Lebensmittel fördern nicht nur eine stabile Energieversorgung, sondern unterstützen auch die Produktion von Serotonin, einem Neurotransmitter, der unsere Stimmung reguliert.

Proteinreiche Lebensmittel spielen eine entscheidende Rolle bei der Stabilisierung der Stimmung. Proteine liefern die Bausteine für Neurotransmitter wie Serotonin und Dopamin, die für eine positive Stimmung und geistige Klarheit wichtig sind. Eine ausgewogene Ernährung sollte daher aus einer Vielzahl von proteinreichen Lebensmitteln bestehen, darunter Fleisch, Fisch, Eier, Milchprodukte, Bohnen, Linsen, Nüsse und Samen. Insbesondere Tryptophan, eine Aminosäure, die in Lebensmitteln wie Putenfleisch, Eiern und Käse vorkommt, ist wichtig für die Serotoninproduktion und kann helfen, die Stimmung zu verbessern.

Antioxidantienreiche Lebensmittel sind ebenfalls wichtig für eine stabile Stimmung. Oxidativer Stress kann die Gehirnfunktion beeinträchtigen und zu Stimmungsschwankungen und Depressionen beitragen. Lebensmittel, die reich an Antioxidantien sind, helfen, die Zellen vor Schäden zu schützen und unterstützen die Gesundheit des Gehirns. Beeren, dunkle Schokolade, Nüsse, grünes Blattgemüse und Tee sind hervorragende Quellen für Antioxidantien. Diese Lebensmittel können helfen, Entzündungen zu reduzieren und das Gehirn zu schützen, was zu einer besseren Stimmung beiträgt.

Hydratation spielt eine wesentliche Rolle für die Stimmung. Dehydration kann zu Müdigkeit, Kopfschmerzen und Konzentrationsschwierigkeiten führen, was sich negativ auf die Stimmung auswirken kann. Es ist wichtig, den ganzen Tag über ausreichend Wasser zu trinken, um den Körper und das Gehirn optimal zu versorgen. Eine gute Faustregel ist, mindestens acht Gläser Wasser pro Tag zu trinken, und mehr, wenn Sie körperlich aktiv sind oder sich in einem heißen Klima befinden.

Die Rolle von gesunden Fetten sollte nicht unterschätzt werden. Gesunde Fette sind notwendig für die Bildung von Zellmembranen und die Produktion von Hormonen, die die Stimmung beeinflussen. Avocados, Nüsse, Samen, Olivenöl und fetter Fisch wie Lachs sind reich an gesunden Fetten und können dazu beitragen, die Stimmung zu stabilisieren und die geistige Klarheit zu verbessern. Diese Fette unterstützen nicht nur die Gesundheit des Herzens, sondern auch die Funktion des Gehirns.

Magnesium ist ein Mineral, das oft übersehen wird, aber eine entscheidende Rolle bei der Stimmung spielt. Ein Mangel an Magnesium kann zu Angstzuständen und Depressionen führen. Lebensmittel, die reich an Magnesium sind, umfassen Spinat, Kürbiskerne, Mandeln und schwarze Bohnen. Durch den regelmäßigen Verzehr dieser Lebensmittel können Sie sicherstellen, dass Ihr Körper ausreichend mit diesem wichtigen Mineral versorgt wird, um Ihre Stimmung zu stabilisieren.

Vitamin D ist ebenfalls entscheidend für die Stimmung. Ein Mangel an Vitamin D, der besonders in den Wintermonaten häufig vorkommt, kann zu depressiven Symptomen führen. Der Körper produziert Vitamin D, wenn die Haut Sonnenlicht ausgesetzt ist, aber es kann auch durch Nahrungsergänzungsmittel und Lebensmittel wie fetten Fisch, Eier und angereicherte Milchprodukte aufgenommen werden. Regelmäßige Zeit im Freien und bei Bedarf ein Vitamin-D-Präparat können die Stimmung unterstützen.

Eisen ist ein weiteres wichtiges Mineral, das für die Stimmung entscheidend ist. Eisenmangel kann zu Müdigkeit, Schwäche und Depressionen führen. Um sicherzustellen, dass Ihr Körper genügend Eisen erhält, sollten Sie eisenreiche Lebensmittel wie rotes Fleisch, Spinat, Linsen und Bohnen in Ihre Ernährung aufnehmen. Besonders Vegetarier und Veganer sollten auf ihre Eisenaufnahme achten und gegebenenfalls mit Vitamin C-reichen Lebensmitteln kombinieren, um die Eisenaufnahme zu verbessern.

Die Rolle von Polyphenolen in der Ernährung sollte ebenfalls nicht unterschätzt werden. Diese pflanzlichen Verbindungen, die in

Lebensmitteln wie Beeren, Nüssen, Tee und Kaffee vorkommen, haben starke antioxidative und entzündungshemmende Eigenschaften. Polyphenole können helfen, die kognitive Funktion zu verbessern und das Risiko von Depressionen und Angstzuständen zu reduzieren. Eine Ernährung, die reich an Polyphenolen ist, kann somit erheblich zur Stabilisierung der Stimmung beitragen.

Regelmäßige Bewegung ist ebenfalls wichtig für die Stimmung. Körperliche Aktivität fördert die Produktion von Endorphinen, den sogenannten „Glückshormonen", und hilft, Stress abzubauen und die emotionale Resilienz zu stärken. Es ist wichtig, regelmäßig zu trainieren, sei es durch Spaziergänge, Joggen, Yoga oder andere Formen der körperlichen Betätigung, um die Stimmung zu verbessern und das allgemeine Wohlbefinden zu fördern.

Schlaf spielt eine wesentliche Rolle für die Stimmung und das emotionale Wohlbefinden. Ein regelmäßiger Schlaf-Wach-Rhythmus und ausreichender Schlaf sind entscheidend für die Regeneration des Körpers und die Aufrechterhaltung einer gesunden geistigen Verfassung. Achten Sie auf eine gute Schlafhygiene, indem Sie regelmäßige Schlafzeiten einhalten, eine entspannende Schlafumgebung schaffen und auf koffeinhaltige Getränke vor dem Schlafengehen verzichten.

Zusätzlich zu diesen Ernährungstipps kann das Führen eines Ernährungstagebuchs hilfreich sein. Durch das Aufzeichnen Ihrer Essgewohnheiten können Sie besser nachvollziehen, welche Lebensmittel Ihre Stimmung positiv oder negativ beeinflussen. Dies kann Ihnen helfen, bewusstere Entscheidungen zu treffen und ungesunde Essgewohnheiten zu erkennen und zu ändern.

Koffein in Maßen kann die Stimmung und die geistige Wachsamkeit verbessern, aber übermäßiger Konsum kann zu Nervosität, Angst und Schlaflosigkeit führen. Es ist wichtig, den Konsum von koffeinhaltigen Getränken zu moderieren und auf die eigenen Reaktionen zu achten. Versuchen Sie, den Koffeinkonsum auf die frühen Stunden des Tages zu beschränken, um den Schlaf nicht zu beeinträchtigen.

Durch die bewusste Auswahl an nährstoffreichen Lebensmitteln und die Pflege gesunder Lebensgewohnheiten können Sie Ihre Stimmung stabilisieren und Ihr emotionales Wohlbefinden verbessern. Eine ausgewogene Ernährung trägt dazu bei, den Blutzuckerspiegel stabil zu halten, die Produktion stimmungsregulierender Neurotransmitter zu unterstützen und das allgemeine Wohlbefinden zu fördern.

Erfolgreiche Diätumstellungen und ihre Geschichten

Die Reise zu einer erfolgreichen Diätumstellung kann transformative Ergebnisse bringen, die weit über Gewichtsverlust hinausgehen. Diese Geschichten des Erfolgs dienen nicht nur als Inspiration, sondern auch als lebendige Beweise dafür, wie eine bewusste Änderung der Ernährungsgewohnheiten das Leben verbessern kann. Hier sind einige bemerkenswerte Beispiele, die zeigen, wie Menschen durch Diätumstellungen nicht nur ihre körperliche Gesundheit, sondern auch ihr allgemeines Wohlbefinden verbessert haben.

Nehmen wir zum Beispiel die Geschichte von Lisa, einer berufstätigen Mutter von zwei Kindern. Lisa hatte jahrelang mit ihrem Gewicht und ihrem Energielevel gekämpft. Ihre Ernährung bestand hauptsächlich aus verarbeiteten Lebensmitteln und schnellen Mahlzeiten, die sie zwischen Arbeit und Kinderbetreuung einnahm. Eines Tages entschloss sie sich, etwas zu ändern, nachdem sie bemerkt hatte, wie ihre Gesundheitsprobleme ihre Lebensqualität beeinträchtigten. Sie begann, sich intensiv mit gesunder Ernährung auseinanderzusetzen, und entschied sich, eine pflanzenbasierte Diät auszuprobieren. Innerhalb weniger Monate bemerkte Lisa erhebliche Veränderungen: Sie verlor an Gewicht, ihre Energie stieg und sie fühlte sich insgesamt vitaler. Diese Umstellung half ihr nicht nur, ihre körperlichen Ziele zu erreichen, sondern auch ihre emotionale Gesundheit zu verbessern, da sie sich bewusster und positiver in ihrem Alltag fühlte.

Ein weiteres inspirierendes Beispiel ist Tom, ein Mann mittleren Alters, der lange Zeit mit hohen Cholesterinwerten und Bluthochdruck zu kämpfen hatte. Toms Arzt hatte ihm mehrmals geraten, seine Ernährung umzustellen, aber die Umsetzung fiel ihm schwer. Schließlich beschloss Tom, die Mittelmeerdiät auszuprobieren, eine Ernährung, die reich an Gemüse, Obst, Nüssen, Samen, Vollkornprodukten und gesunden Fetten wie Olivenöl und Fisch ist. Diese Diät ist bekannt für ihre herzgesunden Eigenschaften. Nach nur sechs Monaten zeigte sich bei Tom eine dramatische Verbesserung seiner Gesundheitswerte: Sein Cholesterinspiegel sank, sein Blutdruck normalisierte sich, und er fühlte sich insgesamt fitter und gesünder. Diese Veränderungen motivierten ihn, weiterhin gesunde Entscheidungen zu treffen und seine neue Ernährungsweise beizubehalten.

Die Geschichte von Sarah, einer jungen Frau, die mit chronischen Verdauungsproblemen und ständiger Müdigkeit zu kämpfen hatte, ist ebenfalls bemerkenswert. Sarah entschied sich, eine eliminierende Diät zu versuchen, um herauszufinden, welche Lebensmittel ihre Beschwerden verursachten. Durch sorgfältiges Beobachten und Aufzeichnen ihrer Nahrungsaufnahme und ihrer Symptome stellte sie fest, dass Gluten und Milchprodukte ihre Probleme verschärften. Nach der Eliminierung dieser Lebensmittel aus ihrer Ernährung bemerkte Sarah eine drastische Verbesserung ihrer Verdauung und Energie. Sie fühlte sich nicht nur körperlich besser, sondern auch geistig klarer und emotional stabiler. Diese Erkenntnisse halfen ihr, eine Ernährung zu finden, die zu ihrem Körper passt und ihre Lebensqualität erheblich verbesserte.

Ein weiteres Beispiel ist die Geschichte von James, der lange Zeit mit Typ-2-Diabetes zu kämpfen hatte. Nach Jahren des Kampfes mit Medikamenten und schwankenden Blutzuckerwerten beschloss James, eine ketogene Diät auszuprobieren. Diese Diät ist reich an Fetten, moderat an Proteinen und sehr kohlenhydratarm, was dem Körper hilft, in einen Zustand der Ketose zu gelangen, in dem er Fett anstelle von Glukose als Energiequelle nutzt. Nach einigen Monaten dieser Diät bemerkte James eine signifikante Stabilisierung seiner Blutzuckerwerte. Er verlor auch an Gewicht und fühlte sich energiegeladener als je zuvor. Diese Veränderungen ermöglichten es ihm, die Dosis seiner Medikamente zu reduzieren und seine Gesundheit besser zu kontrollieren.

Es gibt auch die Geschichte von Emma, die nach der Geburt ihres zweiten Kindes Schwierigkeiten hatte, zu ihrem vorherigen Gewicht zurückzukehren. Emma entschied sich, die Methode des intermittierenden Fastens auszuprobieren, bei der man zwischen Essens- und Fastenfenstern wechselt. Diese Methode half ihr nicht nur, Gewicht zu verlieren, sondern auch ihre Beziehung zum Essen zu verbessern. Sie lernte, ihre Mahlzeiten besser zu planen und sich auf nahrhafte, sättigende Lebensmittel zu konzentrieren. Emma berichtete von einer verbesserten Energie und Klarheit im Alltag, was ihr half, ihre Rolle als Mutter und berufstätige Frau besser zu bewältigen.Diese Geschichten zeigen, dass es keinen einheitlichen Ansatz für eine erfolgreiche Diätumstellung gibt. Jeder Mensch ist einzigartig, und was für den einen funktioniert, muss nicht unbedingt für den anderen passen. Der Schlüssel zum Erfolg liegt in der Bereitschaft, sich selbst kennenzulernen, verschiedene Ansätze auszuprobieren und die Diät zu finden, die am besten zum eigenen Körper und Lebensstil passt.

Zusammengefasst zeigen diese erfolgreichen Diätumstellungen, dass es möglich ist, durch bewusste Ernährungsentscheidungen positive Veränderungen in der eigenen Gesundheit und im Leben zu bewirken. Ob durch eine pflanzenbasierte Diät, die Mittelmeerdiät, eine eliminierende Diät, die ketogene Diät oder intermittierendes Fasten – der Weg zu besserer Gesundheit beginnt mit dem ersten Schritt und der Entschlossenheit, etwas zu verändern. Diese Geschichten sollen nicht nur inspirieren, sondern auch ermutigen, dass jeder die Fähigkeit hat, gesündere Entscheidungen zu treffen und sein Leben zum Besseren zu wenden.

Psychologische Diätberatung

Die psychologische Diätberatung ist ein kraftvolles Werkzeug, das weit über die bloße Erstellung von Ernährungsplänen hinausgeht. Sie zielt darauf ab, tief verwurzelte Essgewohnheiten und emotionale Beziehungen zur Nahrung zu verstehen und zu verändern. Diese Form der Beratung kann besonders hilfreich sein, wenn traditionelle Diäten versagen oder wenn emotionale und psychologische Faktoren eine Rolle bei Essgewohnheiten spielen. Durch die Kombination von Ernährungswissen mit psychologischen Techniken bietet die psychologische Diätberatung einen ganzheitlichen Ansatz zur Förderung einer nachhaltigen und gesunden Lebensweise.

Ein zentraler Bestandteil der psychologischen Diätberatung ist das Verständnis der individuellen Motivation und der zugrunde liegenden Gründe für ungesunde Essgewohnheiten. Viele Menschen essen aus emotionalen Gründen wie Stress, Langeweile, Traurigkeit oder Angst. Ein psychologischer Berater kann dabei helfen, diese emotionalen Auslöser zu identifizieren und Strategien zu entwickeln, um sie auf gesündere Weise zu bewältigen. Dies kann durch Techniken wie Achtsamkeit, kognitive Verhaltenstherapie oder das Erlernen von Stressbewältigungsstrategien erreicht werden.

Nehmen wir das Beispiel von Anna, einer Frau, die seit Jahren mit ihrem Gewicht kämpft. Sie hat zahlreiche Diäten ausprobiert, aber nichts scheint langfristig zu funktionieren. Durch psychologische Diätberatung entdeckt Anna, dass sie oft aus Stress und nicht aus Hunger isst. Ihr Berater hilft ihr, Techniken zur Stressbewältigung zu erlernen, wie zum Beispiel Atemübungen und Meditation. Zusätzlich arbeitet Anna daran, ihre negativen Gedankenmuster zu erkennen und zu ändern, die ihr Selbstwertgefühl beeinträchtigen und zu ungesunden Essgewohnheiten führen. Durch diese ganzheitliche Herangehensweise gelingt es Anna, ihre Beziehung zur Nahrung zu transformieren und nachhaltige Veränderungen in ihrem Lebensstil zu erreichen.Ein weiterer wichtiger Aspekt der psychologischen Diätberatung ist die Förderung eines positiven Körperbildes. Viele Menschen, die abnehmen möchten, haben ein gestörtes Verhältnis zu ihrem Körper, was zu extremen Diäten und ungesunden Verhaltensweisen führen kann. Ein Berater kann helfen, ein gesundes Selbstbild zu entwickeln und unrealistische Schönheitsideale zu hinterfragen. Dies ist entscheidend, um eine gesunde und ausgewogene Ernährung aufrechtzuerhalten, ohne in ungesunde Muster wie Essstörungen zu verfallen.

Ein Beispiel dafür ist Mark, der seit seiner Jugend mit seinem Körper unzufrieden ist. Er hat extreme Diäten ausprobiert und ist in den Teufelskreis von Jo-Jo-Diäten geraten. Durch die psychologische Diätberatung lernt Mark, seinen Körper zu akzeptieren und schrittweise realistische und gesunde Ziele zu setzen. Sein Berater unterstützt ihn dabei, ein ausgewogenes Verhältnis zur Ernährung zu entwickeln, ohne sich ständig selbst zu bestrafen oder zu überfordern. Dies führt nicht nur zu einer stabileren Gewichtsabnahme, sondern auch zu einem besseren emotionalen Wohlbefinden.Die psychologische Diätberatung kann auch dabei helfen, unbewusste Gewohnheiten und Denkmuster zu erkennen, die zu ungesundem Essverhalten führen. Viele dieser Muster sind tief verwurzelt und erfordern gezielte Anstrengungen, um sie zu ändern. Durch Techniken wie kognitive Verhaltenstherapie (CBT) können Berater helfen, diese Muster zu identifizieren und neue, gesündere Verhaltensweisen zu entwickeln. Dies kann beinhalten, negative Selbstgespräche zu erkennen und zu ändern, die Achtsamkeit zu verbessern und sich realistische Ziele zu setzen.

Betrachten wir das Beispiel von Lisa, die nach einem anstrengenden Arbeitstag oft zu Snacks greift, um sich zu beruhigen. Durch die psychologische Diätberatung erkennt Lisa, dass ihr Essverhalten eine Reaktion auf Stress ist. Ihr Berater hilft ihr, alternative Bewältigungsstrategien zu entwickeln, wie z.B. einen Spaziergang zu machen oder ein entspannendes Bad zu nehmen. Durch das Erlernen dieser neuen Gewohnheiten kann Lisa ihren Stress besser bewältigen, ohne zu ungesunden Snacks zu greifen.

Ein weiterer wichtiger Bereich der psychologischen Diätberatung ist die Unterstützung bei der Entwicklung realistischer und nachhaltiger Ziele. Viele Menschen setzen sich unrealistische Ziele, die schwer zu erreichen sind, was zu Frustration und Aufgabe führen kann. Ein Berater kann helfen, diese Ziele zu überarbeiten und in kleinere, erreichbare Schritte zu unterteilen. Dies fördert ein Gefühl der Selbstwirksamkeit und motiviert, langfristig an den Veränderungen festzuhalten.Zusätzlich zur individuellen Beratung bietet die psychologische Diätberatung oft auch Gruppenprogramme an. Diese Programme können besonders effektiv sein, da sie soziale Unterstützung und den Austausch mit anderen Menschen bieten, die ähnliche Herausforderungen erleben. Gruppenprogramme fördern ein Gemeinschaftsgefühl und ermöglichen es den Teilnehmern, voneinander zu lernen und sich gegenseitig zu motivieren.

Insgesamt bietet die psychologische Diätberatung einen umfassenden und ganzheitlichen Ansatz zur Förderung einer gesunden Ernährung und Lebensweise. Durch das Verständnis und die Veränderung emotionaler und psychologischer Faktoren, die das Essverhalten beeinflussen, können nachhaltige und positive Veränderungen erreicht werden. Diese Herangehensweise unterstützt nicht nur die körperliche Gesundheit, sondern auch das emotionale Wohlbefinden und die Lebensqualität. Indem wir unsere Beziehung zur Nahrung und zu uns selbst transformieren, können wir einen gesünderen, glücklicheren und erfüllteren Lebensstil führen.

Persönliche Ernährungspläne für emotionale Ausgeglichenheit

Ein gut durchdachter persönlicher Ernährungsplan kann einen entscheidenden Beitrag zu emotionaler Ausgeglichenheit leisten. Die Nahrung, die wir zu uns nehmen, beeinflusst nicht nur unsere körperliche Gesundheit, sondern auch unsere Stimmung, Energie und geistige Klarheit. Ein Ernährungsplan, der auf individuellen Bedürfnissen und Vorlieben basiert, kann helfen, das emotionale Wohlbefinden nachhaltig zu verbessern.

Ein erster wichtiger Schritt bei der Erstellung eines persönlichen Ernährungsplans ist die Bestimmung der individuellen Bedürfnisse. Jeder Mensch hat unterschiedliche Ernährungsanforderungen und -präferenzen. Eine gründliche Selbsteinschätzung kann helfen, die spezifischen Bedürfnisse und Ziele zu identifizieren. Stellen Sie sich Fragen wie: Welche Lebensmittel tun mir gut? Welche führen zu Unwohlsein oder Stimmungsschwankungen? Welche Essgewohnheiten möchte ich ändern? Diese Reflexion bildet die Grundlage für einen Ernährungsplan, der auf Ihre spezifischen Bedürfnisse zugeschnitten ist.

Die Aufnahme von nährstoffreichen Lebensmitteln ist der nächste wichtige Schritt. Wie bereits erwähnt, spielen Vitamine und Mineralstoffe eine entscheidende Rolle für die Stimmung. Ein persönlicher Ernährungsplan sollte daher eine Vielzahl von nährstoffreichen Lebensmitteln enthalten. Hierzu zählen frisches Obst und Gemüse, Vollkornprodukte, mageres Fleisch, Fisch, Eier, Hülsenfrüchte und Nüsse. Diese Lebensmittel liefern die notwendigen Nährstoffe, um die geistige Klarheit und das emotionale Gleichgewicht zu fördern.

Regelmäßige Mahlzeiten sind ebenfalls ein wichtiger Bestandteil eines persönlichen Ernährungsplans. Um den Blutzuckerspiegel stabil zu halten und Stimmungsschwankungen zu vermeiden, ist es ratsam, regelmäßige Mahlzeiten und gesunde Snacks in den Tagesablauf zu integrieren. Dies kann helfen, Heißhungerattacken zu vermeiden und den Energielevel konstant zu halten. Planen Sie Ihre Mahlzeiten im Voraus, um sicherzustellen, dass Sie jederzeit Zugang zu gesunden Lebensmitteln haben.

Ein weiterer wesentlicher Aspekt ist die Integration von Proteinen in jede Mahlzeit. Proteine sind notwendig für die Produktion von Neurotransmittern, die die Stimmung regulieren. Achten Sie darauf, bei jeder Mahlzeit eine Proteinquelle einzubauen, sei es durch Fleisch, Fisch, Eier, Hülsenfrüchte, Nüsse oder Samen. Dies unterstützt nicht nur die geistige Leistungsfähigkeit, sondern hilft auch, das Sättigungsgefühl länger aufrechtzuerhalten.

Gesunde Fette sollten ebenfalls ein fester Bestandteil Ihres Ernährungsplans sein. Avocados, Nüsse, Samen, Olivenöl und fetter Fisch liefern gesunde Fette, die für die Gehirnfunktion und die Hormonproduktion wichtig sind. Diese Fette unterstützen die Aufnahme fettlöslicher Vitamine und tragen zu einer ausgewogenen Ernährung bei.

Ein personalisierter Ernährungsplan sollte auch antioxidantienreiche Lebensmittel enthalten. Antioxidantien schützen die Zellen vor oxidativem Stress und unterstützen die Gesundheit des Gehirns. Beeren, dunkle Schokolade, Nüsse, grünes Blattgemüse und Tee sind hervorragende Quellen für Antioxidantien. Diese Lebensmittel können helfen, Entzündungen zu reduzieren und das Gehirn zu schützen, was zu einer besseren Stimmung beiträgt.

Hydratation ist ein oft vernachlässigter, aber entscheidender Faktor für die emotionale Ausgeglichenheit. Dehydration kann zu Müdigkeit, Kopfschmerzen und Konzentrationsschwierigkeiten führen, was sich negativ auf die Stimmung auswirken kann. Achten Sie darauf, den ganzen Tag über ausreichend Wasser zu trinken. Eine gute Faustregel ist, mindestens acht Gläser Wasser pro Tag zu trinken und mehr, wenn Sie körperlich aktiv sind oder sich in einem heißen Klima befinden.

Ein persönlicher Ernährungsplan sollte auch die Vermeidung problematischer Lebensmittel berücksichtigen. Wie in Punkt 8.1 erwähnt, können Zucker, gesättigte Fette und stark verarbeitete Lebensmittel die Stimmung negativ beeinflussen. Durch die Reduktion dieser Lebensmittel und die Fokussierung auf natürliche, unverarbeitete Nahrungsmittel können Sie die Grundlage für eine stabilere emotionale Gesundheit schaffen.

Die Portionskontrolle spielt ebenfalls eine wichtige Rolle. Selbst gesunde Lebensmittel können problematisch werden, wenn sie in übermäßigen Mengen konsumiert werden. Achten Sie auf die Portionsgrößen und vermeiden Sie Überessen, um ein gesundes Körpergewicht und eine stabile Stimmung zu erhalten. Ein Ernährungstagebuch kann Ihnen helfen, Ihre Essgewohnheiten zu überwachen und ungesunde Muster zu erkennen und zu ändern.

Ein personalisierter Ernährungsplan sollte auch auf persönliche Vorlieben und Abneigungen Rücksicht nehmen. Es ist wichtig, dass der Plan nicht nur gesund, sondern auch angenehm und umsetzbar ist. Berücksichtigen Sie Ihre Lieblingslebensmittel und integrieren Sie diese in Ihren Plan, um die Einhaltung zu erleichtern und die Freude am Essen zu erhalten. Dies fördert eine positive Einstellung zur Ernährung und unterstützt langfristige Veränderungen.Eine flexible Herangehensweise ist ebenfalls wichtig. Ein guter Ernährungsplan sollte Raum für Anpassungen lassen und keine strengen Regeln auferlegen. Hören Sie auf Ihren Körper und passen Sie den Plan nach Bedarf an, um sicherzustellen, dass er Ihren aktuellen Bedürfnissen entspricht.

Flexibilität hilft, den Plan langfristig beizubehalten und Rückschläge zu vermeiden.

Zusätzlich zur Ernährung ist es wichtig, auf einen gesunden Lebensstil zu achten. Regelmäßige Bewegung, ausreichend Schlaf und Stressbewältigungstechniken wie Meditation und Yoga können die Stimmung positiv beeinflussen. Diese Praktiken fördern die Produktion von Endorphinen und helfen, Stress abzubauen und die emotionale Resilienz zu stärken.

Durch die Kombination dieser Ernährungsstrategien mit einem gesunden Lebensstil können Sie eine solide Grundlage für emotionale Ausgeglichenheit schaffen. Ein personalisierter Ernährungsplan, der auf Ihre individuellen Bedürfnisse und Vorlieben abgestimmt ist, unterstützt nicht nur Ihre körperliche Gesundheit, sondern auch Ihr emotionales Wohlbefinden. Nutzen Sie die Kraft der Ernährung, um Ihre Stimmung zu stabilisieren und ein erfüllteres, ausgeglicheneres Leben zu führen.

Ein weiterer wichtiger Bestandteil eines persönlichen Ernährungsplans ist die Integration von ballaststoffreichen Lebensmitteln. Ballaststoffe sind entscheidend für eine gesunde Verdauung und helfen dabei, den Blutzuckerspiegel zu stabilisieren. Sie fördern das Sättigungsgefühl und verhindern Heißhungerattacken. Vollkornprodukte, Obst, Gemüse, Nüsse und Samen sind hervorragende Quellen für Ballaststoffe. Eine ballaststoffreiche Ernährung unterstützt nicht nur die körperliche Gesundheit, sondern trägt auch zur emotionalen Ausgeglichenheit bei.

Magnesiumreiche Lebensmittel spielen ebenfalls eine entscheidende Rolle. Magnesium ist ein Mineral, das für die Entspannung des Nervensystems und die Regulierung der Stimmung notwendig ist. Spinat, Kürbiskerne, Mandeln und schwarze Bohnen sind reich an Magnesium. Durch den regelmäßigen Verzehr dieser Lebensmittel können Sie sicherstellen, dass Ihr Körper ausreichend mit diesem wichtigen Mineral versorgt wird, um Ihre Stimmung zu stabilisieren.

Vitamin D ist ebenfalls entscheidend für die Stimmung. Ein Mangel an Vitamin D, der besonders in den Wintermonaten häufig vorkommt, kann zu depressiven Symptomen führen. Der Körper produziert Vitamin D, wenn die Haut Sonnenlicht ausgesetzt ist, aber es kann auch durch Nahrungsergänzungsmittel und Lebensmittel wie fetten Fisch, Eier und angereicherte Milchprodukte aufgenommen werden. Regelmäßige Zeit im Freien und bei Bedarf ein Vitamin-D-Präparat können die Stimmung unterstützen.

Eisenreiche Lebensmittel sind ebenfalls wichtig für die Stimmung. Eisenmangel kann zu Müdigkeit, Schwäche und Depressionen führen. Um sicherzustellen, dass Ihr Körper genügend Eisen erhält, sollten Sie eisenreiche Lebensmittel wie rotes Fleisch, Spinat, Linsen und Bohnen in Ihre Ernährung aufnehmen. Besonders Vegetarier und Veganer sollten auf ihre Eisenaufnahme achten und gegebenenfalls mit Vitamin C-reichen Lebensmitteln kombinieren, um die Eisenaufnahme zu verbessern.

Die Rolle von Polyphenolen in der Ernährung sollte ebenfalls nicht unterschätzt werden. Diese pflanzlichen Verbindungen, die in Lebensmitteln wie Beeren, Nüssen, Tee und Kaffee vorkommen, haben starke antioxidative und entzündungshemmende Eigenschaften. Polyphenole können helfen, die kognitive Funktion zu verbessern und das Risiko von Depressionen und Angstzuständen zu reduzieren. Eine Ernährung, die reich an Polyphenolen ist, kann somit erheblich zur Stabilisierung der Stimmung beitragen.Koffein in Maßen kann die Stimmung und die geistige Wachsamkeit verbessern, aber übermäßiger Konsum kann zu Nervosität, Angst und Schlaflosigkeit führen. Es ist wichtig, den Konsum von koffeinhaltigen Getränken zu moderieren und auf die eigenen Reaktionen zu achten. Versuchen Sie, den Koffeinkonsum auf die frühen Stunden des Tages zu beschränken, um den Schlaf nicht zu beeinträchtigen.Regelmäßige Bewegung ist ebenfalls wichtig für die Stimmung. Körperliche Aktivität fördert die Produktion von Endorphinen, den sogenannten „Glückshormonen", und hilft, Stress abzubauen und die emotionale Resilienz zu stärken. Es ist wichtig, regelmäßig zu trainieren, sei es durch Spaziergänge, Joggen, Yoga oder andere Formen der körperlichen Betätigung, um die Stimmung zu verbessern und das allgemeine Wohlbefinden zu fördern.Schlaf spielt eine wesentliche Rolle für die Stimmung und das emotionale Wohlbefinden. Ein regelmäßiger Schlaf-Wach-Rhythmus und ausreichender Schlaf sind entscheidend für die Regeneration des Körpers und die Aufrechterhaltung einer gesunden geistigen Verfassung. Achten Sie auf eine gute Schlafhygiene, indem Sie regelmäßige Schlafzeiten einhalten, eine entspannende Schlafumgebung schaffen und auf koffeinhaltige Getränke vor dem Schlafengehen verzichten.

Zusätzlich zu diesen Ernährungstipps kann das Führen eines Ernährungstagebuchs hilfreich sein. Durch das Aufzeichnen Ihrer Essgewohnheiten können Sie besser nachvollziehen, welche Lebensmittel Ihre Stimmung positiv oder negativ beeinflussen. Dies kann Ihnen helfen, bewusstere Entscheidungen zu treffen und ungesunde Essgewohnheiten zu erkennen und zu ändern.

Durch die bewusste Auswahl an nährstoffreichen Lebensmitteln und die Pflege gesunder Lebensgewohnheiten können Sie Ihre Stimmung stabilisieren und Ihr emotionales Wohlbefinden verbessern. Eine ausgewogene Ernährung trägt dazu bei, den Blutzuckerspiegel stabil zu halten, die Produktion stimmungsregulierender Neurotransmitter zu unterstützen und das allgemeine Wohlbefinden zu fördern. Indem Sie diese Ernährungsstrategien in Ihren Alltag integrieren, schaffen Sie eine solide Grundlage für emotionale Ausgeglichenheit und langfristige Gesundheit.

Kapitel 9: Integration von Ernährung in den Alltag für langfristige Selbstverwirklichung

Planung und Vorbereitung gesunder Mahlzeiten

Die Planung und Vorbereitung gesunder Mahlzeiten ist ein entscheidender Schritt auf dem Weg zu einer nachhaltigen und gesunden Ernährung. Indem Sie Ihre Mahlzeiten im Voraus planen und vorbereiten, können Sie nicht nur Zeit und Geld sparen, sondern auch sicherstellen, dass Sie stets Zugang zu nahrhaften und ausgewogenen Speisen haben. Eine sorgfältige Planung hilft Ihnen, Versuchungen zu widerstehen und gesunde Entscheidungen zu treffen, auch wenn der Alltag hektisch wird. Lassen Sie uns genauer betrachten, wie Sie durch Einkaufslisten und Vorratsplanung, Meal Prepping sowie schnelle und gesunde Rezepte Ihre Ernährung optimieren können.

Beginnen wir mit der Einkaufslisten und Vorratsplanung. Eine gut durchdachte Einkaufsliste ist das Rückgrat einer gesunden Ernährung. Bevor Sie einkaufen gehen, nehmen Sie sich Zeit, um Ihre Mahlzeiten für die kommende Woche zu planen. Überlegen Sie, welche Zutaten Sie benötigen und welche bereits zu Hause vorrätig sind. Durch das Erstellen einer detaillierten Einkaufsliste vermeiden Sie Spontankäufe und stellen sicher, dass Sie nur die Lebensmittel kaufen, die Sie wirklich brauchen.

Eine effektive Vorratsplanung bedeutet, dass Sie immer eine Grundausstattung an gesunden Lebensmitteln zur Hand haben.

Dazu gehören haltbare Produkte wie Vollkornnudeln, Reis, Haferflocken, Bohnen, Linsen und Konserven, aber auch frische Produkte wie Obst, Gemüse, Eier und Milchprodukte. Indem Sie Ihre Vorratskammer und Ihren Kühlschrank regelmäßig auffüllen, können Sie jederzeit schnell und einfach gesunde Mahlzeiten zubereiten, ohne auf ungesunde Alternativen zurückgreifen zu müssen.

Meal Prepping: Tipps und Tricks ist eine Methode, die Ihnen hilft, die Zubereitung von Mahlzeiten zu vereinfachen und Zeit zu sparen. Meal Prepping bedeutet, dass Sie bestimmte Komponenten Ihrer Mahlzeiten im Voraus vorbereiten und portionsweise lagern. Dies kann bedeuten, dass Sie Gemüse schneiden, Reis oder Quinoa kochen oder Proteine wie Hähnchenbrust oder Tofu marinieren und braten. Durch die Vorbereitung dieser Grundzutaten können Sie in wenigen Minuten eine vollwertige Mahlzeit zusammenstellen.

Ein weiterer Vorteil des Meal Preppings ist die Kontrolle über die Portionsgrößen. Indem Sie Ihre Mahlzeiten im Voraus portionieren, vermeiden Sie Überessen und können sicherstellen, dass Sie ausgewogene Mengen an Proteinen, Kohlenhydraten und Fetten zu sich nehmen. Verwenden Sie wiederverwendbare Behälter, um Ihre vorbereiteten Lebensmittel aufzubewahren. Diese sollten gut verschließbar und für Mikrowellen und Gefrierschränke geeignet sein, um die Haltbarkeit und Flexibilität zu maximieren.

Schnelle und gesunde Rezepte für den Alltag sind ein weiterer Schlüssel zur erfolgreichen Umsetzung einer gesunden Ernährung. Oftmals ist Zeitmangel der Hauptgrund, warum Menschen zu ungesunden Fertiggerichten oder Fast Food greifen. Indem Sie jedoch eine Sammlung einfacher und schneller Rezepte parat haben, können Sie dem entgegenwirken. Diese Rezepte sollten mit wenigen Zutaten auskommen und in weniger als 30 Minuten zubereitet sein.

Ein Beispiel für ein schnelles und gesundes Rezept ist ein Quinoa-Gemüse-Salat. Kochen Sie eine Portion Quinoa nach Packungsanleitung und lassen Sie sie abkühlen. In der Zwischenzeit schneiden Sie frisches Gemüse wie Paprika, Gurke, Tomaten und rote Zwiebeln. Mischen Sie die Quinoa mit dem Gemüse, fügen Sie etwas Feta-Käse und frische Kräuter hinzu und beträufeln Sie alles mit einer leichten Zitronen-Vinaigrette. Dieses Gericht ist nicht nur nahrhaft, sondern auch einfach vorzubereiten und kann problemlos für mehrere Tage im Voraus zubereitet werden.

Ein weiteres schnelles Rezept ist eine Gemüsepfanne mit Hähnchen. Schneiden Sie Hähnchenbrust in kleine Stücke und braten Sie sie in einer Pfanne mit etwas Olivenöl an. Fügen Sie geschnittenes Gemüse wie Brokkoli, Karotten, Paprika und Zucchini hinzu und braten Sie es, bis es weich ist. Würzen Sie mit Sojasauce, Knoblauch und Ingwer und servieren Sie das Ganze mit braunem Reis oder Vollkornnudeln. Diese Mahlzeit ist nicht nur reich an Nährstoffen, sondern lässt sich auch leicht variieren, indem Sie unterschiedliche Gemüsesorten verwenden.

Die Planung und Vorbereitung gesunder Mahlzeiten erfordert zwar anfänglich etwas Zeit und Mühe, doch die langfristigen Vorteile sind es wert. Durch eine strukturierte Einkaufslisten und Vorratsplanung vermeiden Sie ungesunde Spontankäufe und sorgen dafür, dass Sie immer die richtigen Zutaten zur Hand haben. Meal Prepping hilft Ihnen, Zeit zu sparen und gesunde Mahlzeiten auch an stressigen Tagen schnell auf den Tisch zu bringen. Schnelle und gesunde Rezepte gewährleisten, dass Ihre Ernährung abwechslungsreich und nahrhaft bleibt, ohne dass Sie stundenlang in der Küche stehen müssen.

Ein weiterer praktischer Tipp ist die Verwendung von digitalen Hilfsmitteln und Apps zur Planung und Vorbereitung Ihrer Mahlzeiten. Es gibt zahlreiche Apps, die Ihnen helfen können, Einkaufslisten zu erstellen, Rezepte zu finden und Ihre Mahlzeiten zu planen. Diese Tools können besonders nützlich sein, um den Überblick zu behalten und sicherzustellen, dass Sie alle notwendigen Zutaten zu Hause haben.

Neben der Nutzung von Technologie ist es auch hilfreich, sich regelmäßig Zeit für die Planung zu nehmen. Setzen Sie sich einmal pro Woche hin und planen Sie Ihre Mahlzeiten für die kommenden Tage. Berücksichtigen Sie dabei auch Ihren Terminkalender, um sicherzustellen, dass Ihre Pläne realistisch und umsetzbar sind. Durch diese regelmäßige Planung schaffen Sie eine Routine, die Ihnen hilft, gesunde Gewohnheiten langfristig beizubehalten.

Eine weitere Möglichkeit, die Planung und Vorbereitung zu erleichtern, ist die Zusammenarbeit mit anderen. Wenn Sie mit einem Partner, Mitbewohner oder der Familie zusammenleben, teilen Sie die Aufgaben und planen Sie gemeinsam. Dies kann nicht nur die Arbeit erleichtern, sondern auch Spaß machen und das Gemeinschaftsgefühl stärken. Gemeinsames Kochen und Essen kann eine wunderbare Gelegenheit sein, Zeit miteinander zu verbringen und gleichzeitig gesunde Mahlzeiten zu genießen.

Zusammengefasst, die Planung und Vorbereitung gesunder Mahlzeiten erfordert eine gewisse Organisation und Disziplin, doch die Belohnungen sind enorm. Durch gezielte Einkaufslisten und Vorratsplanung, effektives Meal Prepping und die Nutzung schneller und gesunder Rezepte können Sie sicherstellen, dass Ihre Ernährung ausgewogen und nahrhaft bleibt. Dies trägt nicht nur zu Ihrer körperlichen Gesundheit bei, sondern fördert auch Ihr emotionales Wohlbefinden und Ihre Lebensqualität insgesamt. Starten Sie noch heute mit der Planung und erleben Sie, wie eine gut organisierte Ernährung Ihr Leben positiv verändern kann.

Überwindung von Hindernissen bei der Ernährungsumstellung

Die Umstellung auf eine gesunde Ernährung kann mit zahlreichen Herausforderungen verbunden sein. Diese Hindernisse zu überwinden, ist entscheidend, um langfristig gesunde Essgewohnheiten zu etablieren. Im Folgenden werden wir Strategien und Techniken betrachten, die Ihnen helfen können, Heißhunger und Gelüste zu bewältigen, emotionale Essgewohnheiten zu verändern und Unterstützungssysteme sowie Selbstmotivation zu nutzen, um Ihre Ernährungsziele zu erreichen.

Ein häufiges Problem bei der Ernährungsumstellung ist der Umgang mit Heißhunger und Gelüsten. Heißhungerattacken können jederzeit auftreten und sind oft ein Zeichen dafür, dass der Körper nach bestimmten Nährstoffen verlangt oder dass emotionale Bedürfnisse befriedigt werden müssen. Eine wirksame Strategie, um Heißhunger zu bewältigen, besteht darin, sicherzustellen, dass Ihre Mahlzeiten ausgewogen und nährstoffreich sind. Wenn Ihr Körper alle notwendigen Nährstoffe erhält, ist die Wahrscheinlichkeit geringer, dass Sie unkontrollierbare Gelüste entwickeln.

Um Heißhunger vorzubeugen, ist es auch hilfreich, regelmäßige Mahlzeiten und Snacks einzuplanen, um den Blutzuckerspiegel stabil zu halten. Proteinreiche Snacks wie Nüsse, Joghurt oder hartgekochte Eier können helfen, das Sättigungsgefühl länger aufrechtzuerhalten und Heißhunger zu vermeiden. Trinken Sie ausreichend Wasser, da Durst manchmal mit Hunger verwechselt wird.

Wenn Gelüste dennoch auftreten, gibt es verschiedene Techniken, um ihnen zu widerstehen. Eine Möglichkeit ist, wie schon in einem der vorherigen Kapitel besprochen, die Achtsamkeitspraxis.

Nehmen Sie sich einen Moment Zeit, um bewusst wahrzunehmen, was Sie wirklich fühlen. Oft sind Gelüste mit bestimmten Emotionen wie Stress, Langeweile oder Traurigkeit verbunden. Durch das Erkennen dieser Gefühle und das bewusste Erleben des Moments können Sie lernen, Gelüste besser zu kontrollieren. Ein kurzer Spaziergang, tiefes Atmen oder das Praktizieren einer kurzen Meditation können ebenfalls helfen, den Heißhunger zu überwinden.

Ein weiteres effektives Werkzeug im Umgang mit Gelüsten ist die Ersatzstrategie. Anstatt sich ungesunden Snacks hinzugeben, suchen Sie nach gesünderen Alternativen, die Ihre Gelüste befriedigen können. Wenn Sie beispielsweise Lust auf etwas Süßes haben, greifen Sie zu einem Stück Obst oder einer Handvoll Beeren anstelle von Süßigkeiten. Diese gesünderen Optionen stillen das Verlangen nach Zucker, ohne Ihre Ernährungsziele zu gefährden.

Neben Heißhunger und Gelüsten stellen emotionale Essgewohnheiten eine große Herausforderung bei der Ernährungsumstellung dar. Viele Menschen greifen zu Nahrung, um mit Stress, Einsamkeit oder anderen negativen Emotionen umzugehen. Um diese Gewohnheiten zu durchbrechen, ist es wichtig, alternative Wege zu finden, um Ihre Emotionen zu bewältigen.

Ein erster Schritt besteht darin, emotionale Auslöser zu identifizieren. Führen Sie ein Ernährungstagebuch, in dem Sie nicht nur aufzeichnen, was Sie essen, sondern auch, wie Sie sich dabei fühlen. Dies kann Ihnen helfen, Muster zu erkennen und zu verstehen, welche Emotionen Ihr Essverhalten beeinflussen. Sobald Sie diese Auslöser identifiziert haben, können Sie daran arbeiten, gesündere Bewältigungsstrategien zu entwickeln.

Stressbewältigungstechniken wie Meditation, Yoga, Atemübungen oder regelmäßige Bewegung können Ihnen helfen, Ihre Emotionen auf gesunde Weise zu verarbeiten. Finden Sie Aktivitäten, die Ihnen Freude bereiten und Sie entspannen, sei es das Lesen eines Buches, ein Spaziergang in der Natur oder das Hören von Musik. Indem Sie sich regelmäßig Zeit für diese Aktivitäten nehmen, können Sie besser mit Stress umgehen und die Neigung zum emotionalen Essen verringern.

Unterstützungssysteme sind ebenfalls entscheidend, um die Herausforderungen der Ernährungsumstellung zu meistern. Suchen Sie Unterstützung bei Freunden, Familie oder Gleichgesinnten, die ähnliche Ziele verfolgen. Gemeinsame Mahlzeitenplanung, Kochen und der Austausch von Rezepten können die Umstellung erleichtern und motivieren. Eine unterstützende Gemeinschaft kann Ihnen auch dabei helfen, Rückschläge zu überwinden und Ihre Erfolge zu feiern.

Die Selbstmotivation spielt eine zentrale Rolle bei der Aufrechterhaltung gesunder Essgewohnheiten. Setzen Sie sich klare und erreichbare Ziele und belohnen Sie sich für Ihre Fortschritte. Kleine, realistische Ziele helfen Ihnen, motiviert zu bleiben und geben Ihnen ein Gefühl der Erfüllung, wenn Sie diese erreichen. Belohnen Sie sich mit nicht essbaren Belohnungen, wie einem entspannenden Bad, einem neuen Buch oder einem Kinoabend.

Ein weiterer wichtiger Aspekt der Selbstmotivation ist die Visualisierung Ihrer Erfolge. Stellen Sie sich vor, wie Sie sich fühlen und aussehen werden, wenn Sie Ihre Ernährungsziele erreicht haben. Diese positive Vorstellung kann Ihnen helfen, motiviert zu bleiben und den Fokus auf Ihre langfristigen Ziele zu behalten. Erstellen Sie eine Visionstafel mit Bildern und inspirierenden Zitaten, die Ihre Ziele repräsentieren und Sie täglich daran erinnern, warum Sie diese Veränderungen vornehmen.

Es ist auch hilfreich, Rückschläge als Lernmöglichkeiten zu betrachten, anstatt sich von ihnen entmutigen zu lassen. Jeder macht Fehler, und es ist wichtig, sich nicht von einem Ausrutscher entmutigen zu lassen. Analysieren Sie, was zu dem Rückschlag geführt hat, und entwickeln Sie Strategien, um ähnliche Situationen in Zukunft zu vermeiden. Indem Sie aus Ihren Fehlern lernen, können Sie wachsen und Ihre Entschlossenheit stärken.

Neben diesen Strategien ist es wichtig, sich bewusst zu machen, dass Geduld und Beständigkeit Schlüsselkomponenten für den Erfolg sind. Veränderungen in der Ernährung und im Lebensstil brauchen Zeit, und es ist wichtig, sich selbst Geduld und Mitgefühl entgegenzubringen. Erlauben Sie sich, den Prozess zu genießen und kleine Erfolge zu feiern, anstatt sich auf das Endziel zu fixieren.

Ein weiterer Aspekt, der oft übersehen wird, ist die Bedeutung der Selbstfürsorge. Nehmen Sie sich regelmäßig Zeit für Aktivitäten, die Ihnen guttun und Ihre Seele nähren. Dies kann alles sein, was Ihnen Freude bereitet und Ihnen hilft, sich zu entspannen und aufzutanken. Selbstfürsorge trägt dazu bei, Ihre emotionale Resilienz zu stärken und Ihre Fähigkeit, gesunde Entscheidungen zu treffen, zu verbessern.

Letztendlich geht es bei der Überwindung von Hindernissen bei der Ernährungsumstellung darum, eine Balance zu finden und einen Lebensstil zu schaffen, der sowohl gesund als auch erfüllend ist. Indem Sie sich auf Ihre individuellen Bedürfnisse konzentrieren, Unterstützung suchen und gesunde Bewältigungsstrategien entwickeln, können Sie die Herausforderungen meistern und Ihre Ernährungsziele erreichen.

Die Überwindung von Hindernissen bei der Ernährungsumstellung erfordert Engagement und Entschlossenheit. Durch den Umgang mit Heißhunger und Gelüsten, die Entwicklung gesunder Bewältigungsstrategien für emotionale Essgewohnheiten und die Nutzung von Unterstützungssystemen und Selbstmotivation können Sie Ihre Ziele erreichen und eine nachhaltige, gesunde Ernährung etablieren.

Starten Sie noch heute, diese Strategien in Ihren Alltag zu integrieren und erleben Sie, wie kleine Veränderungen eine große Wirkung auf Ihre Gesundheit und Ihr Wohlbefinden haben können.

Entwicklung gesunder Essgewohnheiten

Gesunde Essgewohnheiten zu entwickeln, ist ein fundamentaler Schritt auf dem Weg zu langfristigem Wohlbefinden und Selbstverwirklichung. Eine ausgewogene Ernährung trägt nicht nur zu einer besseren physischen Gesundheit bei, sondern hat auch einen erheblichen Einfluss auf die geistige und emotionale Stabilität. Doch wie schafft man es, gesunde Essgewohnheiten dauerhaft in den Alltag zu integrieren? Die Antwort liegt in der Bedeutung von Regelmäßigkeit und Routine sowie in der Förderung langfristiger Verhaltensänderungen.

Zu Beginn ist es wichtig, die Bedeutung von Regelmäßigkeit und Routine zu verstehen. Regelmäßige Mahlzeiten helfen dabei, den Blutzuckerspiegel stabil zu halten, was entscheidend für die Vermeidung von Stimmungsschwankungen und Heißhungerattacken ist. Indem Sie feste Essenszeiten einhalten, signalisieren Sie Ihrem Körper, dass er zu bestimmten Zeiten Nährstoffe erhält, was zu einem stabileren Energiehaushalt führt. Beginnen Sie den Tag mit einem nahrhaften Frühstück, das aus einer Kombination von Proteinen, gesunden Fetten und komplexen Kohlenhydraten besteht. Ein Beispiel könnte Haferflocken mit Nüssen und Beeren sein, ergänzt durch einen Joghurt. Diese Kombination sorgt für einen gleichmäßigen Energieschub und hält Sie bis zum Mittagessen satt.

Ein strukturierter Tagesablauf hilft Ihnen auch, ungesunde Essgewohnheiten zu vermeiden. Wenn Sie zu unregelmäßigen Zeiten essen oder Mahlzeiten auslassen, ist die Wahrscheinlichkeit höher, dass Sie zu ungesunden Snacks greifen, um den Energiemangel auszugleichen. Planen Sie daher Ihre Mahlzeiten im Voraus und bereiten Sie gesunde Snacks vor, die Sie bei Bedarf griffbereit haben. Dies kann Obst, Nüsse, Gemüsesticks oder selbstgemachte Müsliriegel umfassen. Durch die Schaffung einer festen Routine reduzieren Sie die Versuchung, auf weniger gesunde Optionen zurückzugreifen.

Neben der Regelmäßigkeit spielt auch die Förderung langfristiger Verhaltensänderungen eine entscheidende Rolle. Kurzfristige Diäten oder extreme Veränderungen sind oft schwer durchzuhalten und führen selten zu nachhaltigen Ergebnissen. Stattdessen sollten Sie darauf abzielen, schrittweise und realistische Veränderungen vorzunehmen, die sich langfristig in Ihren Alltag integrieren lassen. Ein erster Schritt kann darin bestehen, kleine Anpassungen vorzunehmen, wie zum Beispiel die Reduzierung von Zucker oder den vermehrten Verzehr von Gemüse. Diese kleinen Änderungen summieren sich im Laufe der Zeit zu bedeutenden Verbesserungen.

Ein effektiver Ansatz zur Förderung langfristiger Verhaltensänderungen ist das Setzen von klaren, erreichbaren Zielen. Diese sollten spezifisch, messbar, erreichbar, relevant und zeitgebunden (SMART) sein. Anstatt sich vorzunehmen, „gesünder zu essen", könnten Sie sich zum Beispiel das Ziel setzen, „jeden Tag mindestens fünf Portionen Obst und Gemüse zu essen". Solche konkreten Ziele sind leichter zu verfolgen und geben Ihnen ein Gefühl der Erfüllung, wenn Sie sie erreichen.

Ein weiterer wichtiger Aspekt ist die Selbstreflexion. Nehmen Sie sich regelmäßig Zeit, um über Ihre Essgewohnheiten nachzudenken und zu evaluieren, was gut funktioniert und wo es noch Verbesserungspotenzial gibt. Führen Sie ein Ernährungstagebuch, in dem Sie nicht nur festhalten, was Sie essen, sondern auch, wie Sie sich dabei fühlen. Dies kann Ihnen helfen, Muster zu erkennen und zu verstehen, welche Nahrungsmittel und Gewohnheiten sich positiv oder negativ auf Ihr Wohlbefinden auswirken.

Um gesunde Essgewohnheiten dauerhaft zu etablieren, ist es auch wichtig, sich selbst zu belohnen. Belohnungen müssen nicht unbedingt aus Essen bestehen; sie können auch andere Formen annehmen, wie zum Beispiel eine entspannende Massage, ein neues Buch oder ein Ausflug ins Kino. Belohnen Sie sich für die Erreichung Ihrer Ernährungsziele und feiern Sie Ihre Fortschritte. Dies stärkt Ihre Motivation und hilft Ihnen, auf dem richtigen Weg zu bleiben.

Die Unterstützung durch Familie und Freunde kann ebenfalls einen großen Unterschied machen. Teilen Sie Ihre Ziele und Pläne mit Ihren Liebsten und bitten Sie sie um Unterstützung. Gemeinsames Kochen und Essen kann nicht nur Spaß machen, sondern auch dazu beitragen, gesunde Essgewohnheiten zu festigen. Wenn alle Beteiligten an einem Strang ziehen, wird es leichter, neue Gewohnheiten zu etablieren und beizubehalten.

Ein praktischer Tipp zur Förderung gesunder Essgewohnheiten ist die Vorbereitung von Mahlzeiten im Voraus. Meal Prepping spart Zeit und sorgt dafür, dass Sie immer eine gesunde Mahlzeit zur Hand haben, auch wenn es mal hektisch wird. Planen Sie Ihre Mahlzeiten für die Woche, bereiten Sie größere Mengen vor und lagern Sie diese in portionsgerechten Behältern. Dies reduziert den Stress bei der Essenszubereitung und hilft Ihnen, gesunde Entscheidungen zu treffen.

Ein weiterer Ansatz, um langfristige Veränderungen zu fördern, ist die Integration neuer Lebensmittel in Ihre Ernährung. Probieren Sie regelmäßig neue Rezepte und Zutaten aus, um Abwechslung in Ihre Mahlzeiten zu bringen und den Spaß am Kochen und Essen zu erhalten. Dies kann helfen, monotone Essgewohnheiten zu vermeiden und Ihre Ernährung ausgewogen und vielfältig zu gestalten.

Um gesunde Essgewohnheiten zu entwickeln, ist es auch wichtig, Geduld und Beständigkeit zu bewahren. Veränderungen geschehen nicht über Nacht, und es ist normal, dass es Rückschläge gibt. Lassen Sie sich nicht entmutigen, wenn Sie mal einen Tag nicht perfekt essen oder Ihre Ziele nicht sofort erreichen. Betrachten Sie jede Mahlzeit als neue Chance, gesunde Entscheidungen zu treffen, und konzentrieren Sie sich auf Ihren langfristigen Fortschritt.

Ein weiterer Aspekt, den es zu beachten gilt, ist die Bedeutung von Selbstfürsorge. Eine gesunde Ernährung ist ein Akt der Selbstliebe und des Respekts gegenüber Ihrem Körper. Nehmen Sie sich regelmäßig Zeit, um auf Ihre Bedürfnisse zu hören und sich um sich selbst zu kümmern. Dies kann auch bedeuten, dass Sie sich Pausen gönnen, ausreichend schlafen und Aktivitäten nachgehen, die Ihnen Freude bereiten. Ein ausgeglichener Lebensstil fördert nicht nur Ihre physische, sondern auch Ihre emotionale Gesundheit und unterstützt Ihre Bemühungen, gesunde Essgewohnheiten zu etablieren.

Motivation aufrechterhalten für eine gesunde Ernährung

Eine gesunde Ernährung dauerhaft beizubehalten, erfordert nicht nur Wissen und Planung, sondern auch eine beständige Motivation. Viele Menschen beginnen enthusiastisch mit neuen Ernährungsplänen, aber im Laufe der Zeit kann die anfängliche Begeisterung nachlassen. Wie also bleibt man motiviert, wenn der Alltag seine Herausforderungen mit sich bringt? Der Schlüssel liegt im Setzen und Verfolgen von Zielen, der Inspiration durch Erfolgsgeschichten und der Anwendung von Belohnungssystemen und positiver Verstärkung.

Ein wichtiger erster Schritt zur Aufrechterhaltung der Motivation ist das Setzen und Verfolgen von Zielen. Ziele geben Ihrer Reise Struktur und ein klares Ziel vor Augen. Beginnen Sie damit, realistische und erreichbare Ziele zu formulieren. Diese sollten spezifisch, messbar, erreichbar, relevant und zeitgebunden (SMART) sein. Anstatt sich einfach nur vorzunehmen, „gesünder zu essen", könnten Sie sich spezifische Ziele setzen, wie „ich werde täglich mindestens fünf Portionen Obst und Gemüse essen" oder „ich werde dreimal pro Woche selbstgekochte Mahlzeiten zubereiten". Diese spezifischen Ziele sind leichter zu verfolgen und bieten eine klarere Richtung.

Durch das Setzen solcher Ziele können Sie Ihre Fortschritte messen und erhalten ein Gefühl der Erfüllung, wenn Sie sie erreichen. Kurzfristige, erreichbare Ziele sind besonders motivierend, weil sie schnelle Erfolge ermöglichen und Ihr Selbstvertrauen stärken. Diese kleinen Schritte summieren sich im Laufe der Zeit zu bedeutenden Fortschritten und helfen Ihnen, den Überblick zu behalten und kontinuierlich voranzukommen.

Neben der Zielsetzung ist es wichtig, diese regelmäßig zu überprüfen und anzupassen. Nehmen Sie sich regelmäßig Zeit, um Ihre Fortschritte zu evaluieren und Ihre Ziele bei Bedarf anzupassen. Fragen Sie sich, was gut funktioniert hat und wo es Schwierigkeiten gab. Flexibilität und Anpassungsfähigkeit sind entscheidend, um auf Herausforderungen zu reagieren und Ihre Strategie entsprechend anzupassen.

Eine weitere kraftvolle Methode, um motiviert zu bleiben, ist die Inspiration durch Erfolgsgeschichten. Lassen Sie sich von den Geschichten anderer Menschen inspirieren, die ähnliche Herausforderungen gemeistert haben und positive Veränderungen in ihrem Leben erfahren haben. Erfolgsgeschichten können Ihnen zeigen, dass es möglich ist, Ihre Ziele zu erreichen, und Ihnen wertvolle Tipps und Strategien bieten, die Sie selbst anwenden können.

Suchen Sie nach Büchern, Blogs, Podcasts oder sozialen Medien, in denen Menschen ihre Erfolgsgeschichten teilen. Der Austausch mit Gleichgesinnten kann sehr motivierend sein und Ihnen das Gefühl geben, dass Sie nicht allein sind. Online-Communities und Foren bieten oft Unterstützung und Inspiration von Menschen, die ähnliche Ziele verfolgen. Durch das Teilen Ihrer eigenen Fortschritte und Erfolge in diesen Communities können Sie nicht nur Ihre eigene Motivation stärken, sondern auch andere inspirieren.

Ein weiterer wichtiger Aspekt der Motivation ist die Nutzung von Belohnungssystemen und positiver Verstärkung. Belohnungen müssen nicht unbedingt aus Essen bestehen; sie können auch andere Formen annehmen, die Ihnen Freude bereiten und Ihre Anstrengungen würdigen. Belohnen Sie sich für das Erreichen Ihrer Ziele, sei es durch ein neues Buch, eine Massage, einen Kinobesuch oder einen Ausflug. Diese Belohnungen geben Ihnen etwas, worauf Sie sich freuen können, und machen den Prozess der Veränderung angenehmer.

Positive Verstärkung bedeutet auch, sich selbst für kleine Fortschritte und Erfolge zu loben. Oft neigen wir dazu, uns auf unsere Misserfolge zu konzentrieren und vergessen dabei, die positiven Schritte zu würdigen, die wir gemacht haben. Feiern Sie Ihre Erfolge, egal wie klein sie erscheinen mögen. Jeder Schritt in die richtige Richtung ist ein Erfolg und verdient Anerkennung.

Ein weiterer Aspekt der positiven Verstärkung ist die Visualisierung Ihrer Erfolge. Stellen Sie sich vor, wie Sie sich fühlen und aussehen werden, wenn Sie Ihre Ernährungsziele erreicht haben. Diese positive Vorstellung kann Ihnen helfen, motiviert zu bleiben und den Fokus auf Ihre langfristigen Ziele zu behalten. Erstellen Sie eine Visionstafel mit Bildern und inspirierenden Zitaten, die Ihre Ziele repräsentieren und Sie täglich daran erinnern, warum Sie diese Veränderungen vornehmen.

Die Unterstützung durch Familie und Freunde kann ebenfalls einen großen Unterschied machen. Teilen Sie Ihre Ziele und Pläne mit Ihren Liebsten und bitten Sie sie um Unterstützung. Gemeinsame Mahlzeitenplanung, Kochen und der Austausch von Rezepten können die Umstellung erleichtern und motivieren. Wenn alle Beteiligten an einem Strang ziehen, wird es leichter, neue Gewohnheiten zu etablieren und beizubehalten.

Ein praktischer Ansatz zur Förderung gesunder Essgewohnheiten ist die Integration von Routine und Struktur in Ihren Alltag. Regelmäßige Mahlzeiten und feste Essenszeiten helfen dabei, den Blutzuckerspiegel stabil zu halten und das Risiko von Heißhungerattacken zu reduzieren. Eine gut strukturierte Tagesroutine kann Ihnen dabei helfen, gesunde Essgewohnheiten zu etablieren und langfristig beizubehalten.

Ein weiterer motivierender Faktor kann die Teilnahme an Herausforderungen oder Wettkämpfen sein. Diese bieten nicht nur eine Plattform für gesunde Konkurrenz, sondern auch eine Gemeinschaft von Menschen mit ähnlichen Zielen. Herausforderungen, wie zum Beispiel 30-Tage-Ernährungsprogramme oder gemeinschaftliche Fitness-Challenges, können Ihnen helfen, fokussiert zu bleiben und Ihre Ziele in einem unterstützenden Umfeld zu verfolgen.

Langfristig ist es wichtig, Geduld und Beständigkeit zu bewahren. Veränderungen geschehen nicht über Nacht, und es ist normal, dass es Rückschläge gibt. Lassen Sie sich nicht entmutigen, wenn Sie mal einen Tag nicht perfekt essen oder Ihre Ziele nicht sofort erreichen. Betrachten Sie jede Mahlzeit als neue Chance, gesunde Entscheidungen zu treffen, und konzentrieren Sie sich auf Ihren langfristigen Fortschritt.

Ein weiterer wichtiger Aspekt ist die Bedeutung der Selbstverantwortung. Übernehmen Sie Verantwortung für Ihre Entscheidungen und erkennen Sie an, dass Sie die Kontrolle über Ihre Ernährung und Gesundheit haben. Diese Haltung kann Ihnen helfen, sich stärker mit Ihren Zielen zu identifizieren und entschlossener an deren Umsetzung zu arbeiten.

Aufbau eines unterstützenden Umfelds für gesunde Ernährung

Ein unterstützendes Umfeld ist von unschätzbarem Wert, wenn es darum geht, langfristig eine gesunde Ernährung zu etablieren und beizubehalten. Die Menschen in unserem Umfeld, unsere sozialen Netzwerke und die physische Umgebung, in der wir leben und essen, haben einen erheblichen Einfluss auf unsere Essgewohnheiten. Indem wir bewusst ein Umfeld schaffen, das gesunde Entscheidungen fördert, können wir unsere Ziele leichter erreichen und nachhaltiger umsetzen. Lassen Sie uns die Rolle von Familie und Freunden, Gemeinschaften und Gruppen sowie die Schaffung einer positiven Essumgebung genauer betrachten.

Zuallererst, wie vorhin schon erwähnt, ist der Einfluss von Familie und Freunden von entscheidender Bedeutung. Die Menschen, mit denen wir unsere Zeit verbringen, beeinflussen unsere Essgewohnheiten maßgeblich. Wenn Ihre Familie und Freunde gesunde Essgewohnheiten unterstützen, wird es für Sie leichter, diese auch in Ihrem Alltag zu integrieren. Beginnen Sie damit, Ihre Ernährungsziele und die Gründe dafür offen mit Ihren Liebsten zu teilen. Erklären Sie ihnen, warum Ihnen eine gesunde Ernährung wichtig ist und wie sie Sie dabei unterstützen können. Oft sind Menschen bereit, zu helfen, wenn sie die Hintergründe und die Bedeutung Ihrer Ziele verstehen.

Gemeinsames Kochen und Essen kann eine wunderbare Gelegenheit sein, gesunde Essgewohnheiten zu fördern und gleichzeitig die Bindungen zu stärken. Planen Sie regelmäßige Familienmahlzeiten, bei denen gesunde Rezepte im Mittelpunkt stehen. Binden Sie Ihre Familienmitglieder in die Zubereitung der Mahlzeiten ein, um ihnen die Bedeutung einer gesunden Ernährung näherzubringen. Dies kann nicht nur zu einer gesünderen Ernährung für alle führen, sondern auch zu wertvollen gemeinsamen Erlebnissen.

Auch Freunde können eine große Unterstützung sein. Organisieren Sie gesunde Kochabende oder Potluck-Partys, bei denen jeder eine gesunde Mahlzeit mitbringt. Solche Aktivitäten machen nicht nur Spaß, sondern fördern auch den Austausch von Rezepten und Ideen für eine gesunde Ernährung. Durch die Unterstützung und Ermutigung von Freunden wird es Ihnen leichter fallen, sich an Ihre gesunden Essgewohnheiten zu halten, selbst wenn Versuchungen auftauchen.

Gemeinschaften und Gruppen zur Unterstützung spielen ebenfalls eine wichtige Rolle. Der Beitritt zu einer Gruppe von Gleichgesinnten, die ähnliche Ziele verfolgen, kann enorm motivierend sein. Diese Gemeinschaften bieten nicht nur Unterstützung und Ermutigung, sondern auch eine Plattform für den Austausch von Erfahrungen, Rezepten und Tipps. Suchen Sie nach lokalen oder Online-Gruppen, die sich mit gesunder Ernährung und Lebensweise beschäftigen. Diese Gruppen können Ihnen helfen, sich mit anderen zu vernetzen, die ähnliche Herausforderungen und Ziele haben.

Ein hervorragendes Beispiel für eine unterstützende Gemeinschaft sind Kochklubs oder Ernährungskurse. Diese bieten die Möglichkeit, neue Rezepte und Techniken zu erlernen und gleichzeitig in einem unterstützenden Umfeld zu praktizieren. Auch Fitnessstudios und Wellnesszentren bieten oft Programme und Kurse an, die eine gesunde Ernährung fördern und dabei helfen, diese in den Alltag zu integrieren. Durch die Teilnahme an solchen Programmen können Sie neue Freundschaften schließen und ein Netzwerk von Menschen aufbauen, die Ihre Gesundheitsziele teilen.

Ein weiterer wichtiger Aspekt ist die Schaffung einer positiven Essumgebung. Die physische Umgebung, in der wir essen und kochen, beeinflusst unsere Ernährungsgewohnheiten erheblich. Beginnen Sie damit, Ihre Küche so zu gestalten, dass gesunde Entscheidungen leicht fallen. Halten Sie gesunde Lebensmittel wie frisches Obst und Gemüse, Vollkornprodukte und gesunde Snacks immer griffbereit. Lagern Sie ungesunde Snacks außer Sichtweite oder entfernen Sie sie ganz aus Ihrem Haushalt.

Ein aufgeräumter und gut organisierter Küchenbereich kann ebenfalls dazu beitragen, gesunde Essgewohnheiten zu fördern. Wenn Ihre Küche sauber und ordentlich ist, macht das Kochen mehr Spaß und wird weniger stressig. Investieren Sie in gutes Küchenequipment, das die Zubereitung gesunder Mahlzeiten erleichtert, wie scharfe Messer, hochwertige Pfannen und praktische Küchengeräte. Dies kann den Kochprozess angenehmer und effizienter gestalten.

Neben der Küche spielt auch der Essbereich eine wichtige Rolle. Schaffen Sie eine angenehme und entspannte Atmosphäre zum Essen, indem Sie den Tisch schön decken und Ablenkungen wie Fernseher und Smartphones vermeiden. Ein ruhiges und einladendes Umfeld kann dazu beitragen, dass Sie Ihre Mahlzeiten bewusster genießen und sich stärker auf das Essen konzentrieren.

Ein weiterer Aspekt der positiven Essumgebung ist die Gestaltung der Mahlzeiten selbst. Achten Sie darauf, dass Ihre Mahlzeiten bunt und ansprechend präsentiert werden. Eine attraktive Präsentation von Lebensmitteln kann die Freude am Essen steigern und das Verlangen nach gesunden Optionen fördern. Versuchen Sie, jede Mahlzeit ausgewogen zu gestalten, indem Sie eine Vielzahl von Farben und Texturen integrieren. Dies sorgt nicht nur für visuelle Anreize, sondern stellt auch sicher, dass Sie eine breite Palette von Nährstoffen zu sich nehmen.

Darüber hinaus kann die Einbindung der gesamten Familie in den Prozess der Essenszubereitung und -planung die Akzeptanz und das Interesse an einer gesunden Ernährung erhöhen. Lassen Sie

Kinder und andere Familienmitglieder bei der Auswahl und Zubereitung der Mahlzeiten mithelfen. Dies fördert nicht nur die Selbstständigkeit, sondern auch ein Bewusstsein für gesunde Lebensmittel. Kinder, die aktiv in den Kochprozess eingebunden sind, entwickeln oft eine größere Wertschätzung für gesunde Ernährung und sind eher bereit, neue Lebensmittel auszuprobieren.

Ein unterstützendes Umfeld umfasst auch die Nutzung externer Ressourcen und Experten. Scheuen Sie sich nicht, professionelle Hilfe in Anspruch zu nehmen, wenn Sie Unterstützung bei der Umsetzung Ihrer Ernährungsziele benötigen. Ernährungsberater, Diätassistenten und andere Gesundheitsexperten können wertvolle Informationen und individuelle Ratschläge bieten, die auf Ihre speziellen Bedürfnisse und Ziele zugeschnitten sind.

Diese Experten können Ihnen helfen, einen maßgeschneiderten Ernährungsplan zu erstellen, der nicht nur Ihre gesundheitlichen Anforderungen berücksichtigt, sondern auch Ihre persönlichen Vorlieben und Lebensumstände. Durch regelmäßige Konsultationen können Sie Ihre Fortschritte überwachen und bei Bedarf Anpassungen vornehmen, um sicherzustellen, dass Sie auf dem richtigen Weg bleiben.

Zusammenfassend lässt sich sagen, dass der Aufbau eines unterstützenden Umfelds für eine gesunde Ernährung mehrere Ebenen umfasst. Der Einfluss von Familie und Freunden, die Unterstützung durch Gemeinschaften und Gruppen sowie die Schaffung einer positiven Essumgebung sind alles entscheidende Faktoren, die zu Ihrem Erfolg beitragen können. Indem Sie bewusst ein Umfeld gestalten, das gesunde Entscheidungen fördert, können Sie Ihre Ernährungsgewohnheiten nachhaltig verändern und langfristig ein gesundes und erfülltes Leben führen.

Kapitel 10: Der Weg nach vorn

Weiterführende Informationsquellen

Der Weg zu einer nachhaltig gesunden Ernährung und einem bewussten Lebensstil endet nicht mit der Lektüre eines Buches oder der Implementierung erster Schritte. Vielmehr ist er ein kontinuierlicher Prozess des Lernens und der Anpassung. Weiterführende Informationsquellen spielen eine entscheidende Rolle dabei, Sie auf diesem Weg zu unterstützen, Ihre Kenntnisse zu vertiefen und stets neue, wissenschaftlich fundierte Erkenntnisse zu gewinnen. Diese Quellen können Ihnen helfen, motiviert zu bleiben, informierte Entscheidungen zu treffen und Ihre Gesundheit langfristig zu fördern.

Zunächst bieten Bücher eine Fülle an Wissen und detaillierten Informationen, die weit über die Grundlagen hinausgehen. Werke über Ernährungswissenschaft und gesundes Leben bieten umfassende Einblicke in die wissenschaftlichen Grundlagen einer gesunden Ernährung und die Auswirkungen auf die langfristige Gesundheit. Sie liefern wertvolle Perspektiven darauf, wie eine ausgewogene Ernährung und bestimmte Lebensgewohnheiten zur Langlebigkeit und Vitalität beitragen können.

Wissenschaftliche Zeitschriften und Fachartikel sind eine weitere essentielle Informationsquelle. Diese Publikationen bieten Zugang zu den neuesten Forschungsergebnissen und wissenschaftlichen Studien. Sie sind besonders wertvoll, da sie aktuelle Entwicklungen und evidenzbasierte Empfehlungen bieten, die auf rigoroser Forschung basieren. Durch das Lesen solcher Artikel können Sie sicherstellen, dass Ihre Ernährungsentscheidungen auf dem neuesten Stand der Wissenschaft basieren.

Auch Online-Ressourcen spielen eine wichtige Rolle. Vertrauenswürdige Websites und Blogs bieten eine Fülle an Informationen, die komplexe wissenschaftliche Inhalte leicht verständlich aufbereiten. Diese Quellen bieten oft Videos, Artikel und Infografiken, die Ihnen helfen, die Prinzipien einer gesunden Ernährung besser zu verstehen und in die Praxis umzusetzen. Nutzen Sie diese Ressourcen, um sich kontinuierlich weiterzubilden und informiert zu bleiben.

Blogs und Social-Media-Plattformen können ebenfalls nützliche Ergänzungen sein, insbesondere wenn sie von anerkannten Experten betrieben werden. Ernährungswissenschaftler, Diätologen und Gesundheitscoaches teilen oft Tipps, Rezepte und persönliche Erfahrungen, die inspirieren und motivieren können. Achten Sie jedoch darauf, die Glaubwürdigkeit und Qualifikation der Autoren zu überprüfen, um sicherzustellen, dass die Informationen fundiert und zuverlässig sind.

Kochbücher und Rezepte sind eine weitere praktische Informationsquelle. Sie bieten nicht nur gesunde Rezepte, sondern auch Tipps zur Ernährungsumstellung und zum Kochen mit frischen, unverarbeiteten Zutaten. Solche Ressourcen können Ihnen helfen, Ihre Küche zu einem Ort der Gesundheit zu machen und die Zubereitung von Mahlzeiten zu einer freudigen und kreativen Erfahrung zu gestalten.

Darüber hinaus können Webinare und Online-Kurse eine flexible und zugängliche Möglichkeit bieten, mehr über gesunde Ernährung und Lebensweise zu lernen. Diese Formate bieten Interviews mit Experten und inspirierende Geschichten von Menschen, die ihre Gesundheit durch Ernährungsumstellungen verbessert haben. Sie können tiefgehende Einblicke und praktisches Wissen vermitteln, das Sie direkt in Ihrem Alltag anwenden können.

Lokale Gemeinschaftsressourcen wie Bibliotheken, Volkshochschulen und Gesundheitszentren bieten oft Kurse und Workshops zur gesunden Ernährung an. Diese Veranstaltungen bieten nicht nur wertvolle Informationen, sondern auch die Möglichkeit, sich mit Gleichgesinnten zu vernetzen und Unterstützung zu finden. Informieren Sie sich über lokale Angebote und nutzen Sie diese, um Ihr Wissen zu erweitern und Ihre Motivation zu stärken.

Neben diesen spezifischen Informationsquellen ist es auch hilfreich, Mitgliedschaften in professionellen Organisationen in Betracht zu ziehen. Gruppen wie nationale Ernährungs- und Diätetikgesellschaften bieten Zugang zu exklusiven Materialien, Forschungsberichten und Netzwerkveranstaltungen. Diese Mitgliedschaften können Ihnen helfen, immer auf dem neuesten Stand der Entwicklungen im Bereich der Ernährung zu bleiben und von den besten Praktiken und Erkenntnissen zu profitieren.

Um das Gelernte effektiv in die Praxis umzusetzen, ist es wichtig, regelmäßig reflektierend und kritisch zu denken. Fragen Sie sich, wie neue Informationen mit Ihrem bisherigen Wissen und Ihren Zielen übereinstimmen. Bleiben Sie offen für neue Erkenntnisse und bereit, Ihre Ansätze anzupassen, wenn dies sinnvoll ist. Dies fördert nicht nur Ihre persönliche Entwicklung, sondern hilft Ihnen auch, langfristig gesunde Essgewohnheiten zu etablieren.

Es kann auch hilfreich sein, Ihre Fortschritte und Herausforderungen regelmäßig zu überprüfen und zu dokumentieren. Halten Sie Ihre Erfolge und Misserfolge fest, um Muster zu erkennen und Ihre Strategie bei Bedarf anzupassen. Diese Reflexion kann Ihnen helfen, Ihre Motivation aufrechtzuerhalten und Ihre Ziele konsequent zu verfolgen.

Indem Sie kontinuierlich nach Wissen und neuen Erkenntnissen suchen, bleiben Sie motiviert und informiert. Nutzen Sie die Vielzahl der verfügbaren Ressourcen, um Ihre Gesundheit und Ihr Wohlbefinden kontinuierlich zu verbessern. Der Weg zu einer gesunden Ernährung ist eine lebenslange Reise, und mit der richtigen Einstellung und den richtigen Informationsquellen können Sie Ihre Ziele erreichen und ein erfülltes, gesundes Leben führen.

Aufbau von Unterstützungsnetzwerken

Der Aufbau eines starken Unterstützungsnetzwerks kann entscheidend für den langfristigen Erfolg Ihrer Ernährungs- und Gesundheitsziele sein. Ein solches Netzwerk bietet nicht nur emotionale Unterstützung und Motivation, sondern auch praktische Hilfe und gemeinschaftliches Lernen. Menschen sind soziale Wesen, und wir gedeihen am besten, wenn wir von einer unterstützenden Gemeinschaft umgeben sind. Hier sind einige Schritte und Strategien, um ein effektives Unterstützungsnetzwerk aufzubauen und zu nutzen.

Beginnen Sie damit, Ihre Absichten und Ziele offen mit Familie und Freunden zu teilen. Offenheit und Ehrlichkeit schaffen Vertrauen und Verständnis. Indem Sie Ihre Gründe für eine gesunde Ernährung und Ihre spezifischen Ziele mitteilen, können Sie die Unterstützung Ihrer Angehörigen gewinnen. Sie können gemeinsam Mahlzeiten planen, gesunde Rezepte austauschen und sogar zusammen kochen. Dieses gemeinsame Engagement stärkt die Bindung und erleichtert es Ihnen, Ihre Ziele zu verfolgen.

Eine großartige Möglichkeit, ein Unterstützungsnetzwerk zu stärken, ist die Teilnahme an Gruppen oder Vereinen, die sich auf Gesundheit und Ernährung konzentrieren. Dies könnten Kochclubs, Fitnessgruppen oder lokale Ernährungsgruppen sein. Der Austausch von Erfahrungen und Wissen mit Gleichgesinnten bietet nicht nur Unterstützung, sondern auch neue Perspektiven und Ideen. Solche Gruppen fördern eine Gemeinschaft, in der sich jeder gegenseitig motiviert und inspiriert.

Soziale Medien bieten eine weitere Plattform zur Bildung von Unterstützungsnetzwerken. Online-Gruppen und Foren zu Themen wie gesunde Ernährung, Fitness und Wohlbefinden bieten eine Fülle von Informationen und die Möglichkeit, sich mit

Menschen aus aller Welt zu vernetzen. Diese Plattformen ermöglichen den Austausch von Tipps, Rezepten und Erfolgsgeschichten. Sie können Fragen stellen, Rat einholen und sich von den Fortschritten anderer inspirieren lassen. Achten Sie jedoch darauf, dass die Gruppen, denen Sie beitreten, von vertrauenswürdigen und qualifizierten Personen moderiert werden, um sicherzustellen, dass die Informationen zuverlässig und hilfreich sind.

Mentoren und Coaches können eine wertvolle Ergänzung zu Ihrem Unterstützungsnetzwerk sein. Ein Ernährungsberater, Gesundheitscoach oder Personal Trainer kann Ihnen individuelle Unterstützung bieten und Ihnen helfen, personalisierte Pläne zu erstellen. Diese Experten bieten nicht nur Fachwissen, sondern auch Motivation und Verantwortung. Die regelmäßige Zusammenarbeit mit einem Coach kann Ihre Fortschritte beschleunigen und Ihnen helfen, Ihre Ziele effizienter zu erreichen.

Ein weiterer Schritt besteht darin, regelmäßige Treffen und Veranstaltungen zu organisieren, die sich auf gesunde Lebensweise konzentrieren. Diese können gemeinsames Kochen, Wandern oder Workshops zu Themen wie Ernährung und Stressbewältigung umfassen. Solche Aktivitäten fördern nicht nur gesunde Gewohnheiten, sondern stärken auch das Gemeinschaftsgefühl. Die gemeinsame Arbeit an einem Ziel schafft eine unterstützende Atmosphäre und kann den individuellen Erfolg fördern.

Fördern Sie eine Kultur des Lernens und der Offenheit in Ihrem Unterstützungsnetzwerk. Ermutigen Sie die Mitglieder, ihre Erfahrungen und ihr Wissen zu teilen, und seien Sie selbst bereit, Neues zu lernen. Eine unterstützende Gemeinschaft basiert auf gegenseitigem Respekt und dem Willen, voneinander zu lernen. Dies fördert eine positive und motivierende Umgebung, in der jeder von den Erfahrungen und Erkenntnissen der anderen profitieren kann.

Eine wichtige Komponente eines erfolgreichen Unterstützungsnetzwerks ist die gegenseitige Verantwortung. Vereinbaren Sie regelmäßige Check-ins mit Ihren Unterstützern, um Ihre Fortschritte zu besprechen und sich gegenseitig zu motivieren. Diese regelmäßigen Gespräche helfen Ihnen, auf dem richtigen Weg zu bleiben und bieten die Möglichkeit, Herausforderungen gemeinsam zu bewältigen. Verantwortung kann eine starke motivierende Kraft sein und dazu beitragen, dass Sie Ihre Ziele nicht aus den Augen verlieren.

Um das volle Potenzial Ihres Unterstützungsnetzwerks zu nutzen, ist es wichtig, auch emotionale Unterstützung anzubieten und zu empfangen. Ernährungs- und Lebensstiländerungen können emotional herausfordernd sein, und es ist wichtig, jemanden zu haben, der Ihnen zuhört und Sie versteht. Bieten Sie Ihren Unterstützern dieselbe Empathie und Unterstützung, die Sie selbst erwarten. Eine starke emotionale Verbindung kann den Unterschied ausmachen, wenn es darum geht, Herausforderungen zu überwinden und langfristig motiviert zu bleiben.

Seien Sie bereit, Ihr Netzwerk zu erweitern und neue Verbindungen zu knüpfen. Besuchen Sie Veranstaltungen, Konferenzen oder Workshops, die sich mit Gesundheit und Ernährung befassen, um neue Menschen kennenzulernen und Ihr Netzwerk zu vergrößern. Neue Verbindungen bringen frische Perspektiven und können zusätzliche Unterstützung und Motivation bieten. Netzwerken ist eine kontinuierliche Aktivität, die Ihr Unterstützungsnetzwerk dynamisch und vielfältig hält.

Schließlich ist es wichtig, Dankbarkeit und Anerkennung innerhalb Ihres Netzwerks auszudrücken. Danken Sie Ihren Unterstützern für ihre Hilfe und ihr Engagement. Anerkennung fördert positive Beziehungen und stärkt das Gemeinschaftsgefühl. Ein unterstützendes Netzwerk basiert auf gegenseitigem Respekt und Wertschätzung, und diese Werte sollten aktiv gepflegt werden.

Zusammengefasst ist der Aufbau eines unterstützenden Netzwerks für gesundes Essen ein kraftvoller Ansatz, um Ihre Ernährungsziele zu erreichen und langfristig beizubehalten. Durch die aktive Einbeziehung von Familie und Freunden, die Teilnahme an Gemeinschaftsgruppen, die Nutzung sozialer Medien, die Zusammenarbeit mit Mentoren und Coaches sowie die Organisation regelmäßiger Treffen können Sie ein starkes Netzwerk schaffen, das Sie unterstützt und motiviert. Eine Kultur des Lernens, der gegenseitigen Verantwortung und der emotionalen Unterstützung bildet die Grundlage für den Erfolg dieses Netzwerks. Indem Sie Dankbarkeit und Anerkennung ausdrücken und bereit sind, neue Verbindungen zu knüpfen, können Sie Ihr Unterstützungsnetzwerk kontinuierlich erweitern und stärken. Dieser gemeinschaftliche Ansatz wird nicht nur Ihre eigenen Ziele fördern, sondern auch das Bewusstsein und die Gesundheit Ihrer gesamten Gemeinschaft verbessern.

Reflexion und persönliches Wachstum durch Ernährung

Eine bewusste und gesunde Ernährung bietet weit mehr als nur physische Vorteile; sie kann auch ein mächtiges Werkzeug für Reflexion und persönliches Wachstum sein. Die Art und Weise, wie wir uns ernähren, spiegelt oft unsere Einstellung zu uns selbst und zu unserem Leben wider. Indem wir unsere Ernährungsgewohnheiten genauer betrachten und verändern, können wir tiefgreifende Einsichten über uns selbst gewinnen und unsere persönliche Entwicklung vorantreiben. Hier sind einige Gedanken und Ansätze, wie Ernährung zur Reflexion und zum persönlichen Wachstum beitragen kann.

Ernährung als Spiegel unserer Selbstwahrnehmung zu betrachten, ist ein erster Schritt zur Reflexion. Die Entscheidungen, die wir bei der Auswahl unserer Lebensmittel treffen, können viel über unser Selbstbild und unsere Selbstachtung aussagen. Fragen Sie sich, warum Sie bestimmte Nahrungsmittel bevorzugen und wie diese Entscheidungen Ihre Gesundheit und Ihr Wohlbefinden beeinflussen. Diese Reflexion kann aufdecken, ob Sie Ihre Gesundheit und Ihr Wohlbefinden priorisieren oder ob andere Faktoren, wie Bequemlichkeit oder emotionale Bedürfnisse, Ihre Entscheidungen dominieren.

Ein wichtiger Aspekt der Reflexion ist das Führen eines Ernährungstagebuchs. Notieren Sie nicht nur, was Sie essen, sondern auch, wie Sie sich vor und nach den Mahlzeiten fühlen. Achten Sie auf emotionale Auslöser und Muster. Vielleicht bemerken Sie, dass Sie zu ungesunden Snacks greifen, wenn Sie gestresst oder gelangweilt sind. Indem Sie diese Muster erkennen, können Sie bewusste Entscheidungen treffen und alternative Bewältigungsstrategien entwickeln, um besser mit Stress oder Langeweile umzugehen.

Die Auseinandersetzung mit Ihrer Beziehung zum Essen kann ebenfalls zu tiefgreifendem persönlichem Wachstum führen. Für viele Menschen ist Essen nicht nur eine körperliche Notwendigkeit, sondern auch eine Quelle des Trostes und der Freude oder eine Reaktion auf emotionale Zustände. Diese Erkenntnis kann Ihnen helfen, Ihre Emotionen besser zu verstehen und gesündere Wege zu finden, um mit ihnen umzugehen. Beispielsweise könnten Sie feststellen, dass Sie bei Stress zu Süßigkeiten greifen. Indem Sie sich dieser Gewohnheit bewusst werden, können Sie beginnen, alternative Methoden zur Stressbewältigung zu erforschen, wie etwa Meditation oder Bewegung.

Die Veränderung von Ernährungsgewohnheiten erfordert oft Disziplin und Ausdauer, was zu einem gestärkten Selbstbewusstsein führen kann. Jeder kleine Erfolg – sei es das Reduzieren von Zucker, das Erhöhen des Gemüseanteils in Ihrer Ernährung oder das Vermeiden von Fast Food – kann Ihr Selbstvertrauen stärken und Ihnen zeigen, dass Sie in der Lage sind, positive Veränderungen in Ihrem Leben vorzunehmen. Diese kleinen Erfolge können sich summieren und zu einem großen Wandel in Ihrem Selbstbild und Ihrer Lebensweise führen.

Ernährung kann auch ein Mittel zur Selbstfürsorge und Selbstliebe sein. Indem Sie sich die Zeit nehmen, gesunde Mahlzeiten zuzubereiten und sich bewusst für nahrhafte Lebensmittel entscheiden, zeigen Sie sich selbst Wertschätzung und Fürsorge. Diese Handlungen stärken das Gefühl der Selbstachtung und können eine positive Einstellung zu Ihrem Körper und Ihrer Gesundheit fördern. Selbstfürsorge durch Ernährung bedeutet, sich selbst als wertvoll und schützenswert zu betrachten und dementsprechend zu handeln.

Der Prozess der Ernährungsumstellung kann auch dazu führen, dass Sie Ihre Prioritäten neu bewerten und Ihre Lebensweise insgesamt anpassen. Sie könnten feststellen, dass gesunde Ernährung mehr Planung und Organisation erfordert, was wiederum dazu führt, dass Sie andere Bereiche Ihres Lebens strukturierter angehen. Diese Disziplin und Struktur können sich positiv auf Ihre berufliche Leistung, Ihre Beziehungen und Ihr allgemeines Wohlbefinden auswirken.

Reflexion durch Ernährung kann auch die Achtsamkeit fördern. Achtsam zu essen bedeutet, sich voll und ganz auf den Akt des Essens zu konzentrieren, die Aromen, Texturen und Gerüche zu genießen und auf die Signale Ihres Körpers zu hören. Diese Praxis der Achtsamkeit kann dazu beitragen, Ihre Verbindung zu Ihrem Körper zu stärken und eine tiefere Wertschätzung für Nahrung und Ernährung zu entwickeln. Achtsamkeit beim Essen kann auch helfen, ungesunde Essgewohnheiten zu erkennen und zu ändern.

Eine bewusste Ernährung kann auch dazu führen, dass Sie Ihre Werte und Überzeugungen in Frage stellen und überprüfen. Vielleicht stellen Sie fest, dass Sie durch Ihre Ernährungsentscheidungen einen positiven Einfluss auf die Umwelt oder die Gesellschaft ausüben möchten. Diese Überlegungen können zu einer Veränderung in Ihrer Lebensweise führen, wie etwa der Entscheidung, mehr pflanzliche Lebensmittel zu konsumieren oder lokale und biologisch angebaute Produkte zu bevorzugen. Diese Entscheidungen können Ihr Gefühl der Integrität und Kohärenz in Ihrem Leben stärken.

Schließlich kann die Reflexion über Ernährung und persönliches Wachstum auch die Art und Weise beeinflussen, wie Sie Ihre Erfolge und Misserfolge wahrnehmen. Anstatt sich auf Fehler zu konzentrieren und sich selbst zu kritisieren, können Sie lernen, jeden Schritt als Teil des Lernprozesses zu betrachten. Diese positive Sichtweise kann Ihnen helfen, mit Rückschlägen besser umzugehen und weiterhin motiviert zu bleiben.

Zusammenfassend lässt sich sagen, dass Ernährung weit über die physische Nahrungsaufnahme hinausgeht und ein mächtiges Werkzeug für Reflexion und persönliches Wachstum sein kann. Indem Sie Ihre Ernährungsgewohnheiten bewusst betrachten und ändern, können Sie tiefere Einblicke in Ihre Emotionen, Werte und Prioritäten gewinnen. Diese Reflexion kann zu einer gestärkten Selbstwahrnehmung, einem besseren Selbstwertgefühl und einer allgemein gesünderen Lebensweise führen. Nutzen Sie die Macht der Ernährung, um sich selbst besser kennenzulernen und ein erfüllteres, bewussteres Leben zu führen.

Langfristige Ernährungsziele festlegen

Langfristige Ernährungsziele festzulegen ist eine der wirkungsvollsten Strategien, um nachhaltige Gesundheit und Wohlbefinden zu erreichen. Diese Ziele bieten nicht nur eine klare Richtung, sondern helfen auch, die Motivation hochzuhalten und Fortschritte messbar zu machen. Ein gut durchdachter Plan, der auf realistischen und erreichbaren Zielen basiert, kann den Weg zu einem gesünderen Leben ebnen und langfristige Erfolge sichern. Hier sind einige Schritte und Überlegungen, die Ihnen helfen, langfristige Ernährungsziele festzulegen und zu erreichen.

Zunächst einmal ist es wichtig, Ihre aktuellen Essgewohnheiten ehrlich zu bewerten. Ein Ernährungstagebuch kann Ihnen helfen, ein klares Bild davon zu bekommen, was Sie täglich konsumieren. Notieren Sie, was Sie essen, wie viel Sie essen und wann Sie essen. Diese Bestandsaufnahme ermöglicht es Ihnen, Muster und Bereiche zu identifizieren, die verbessert werden können. Eine ehrliche Bewertung Ihrer aktuellen Situation ist der erste Schritt, um realistische und relevante Ziele zu setzen.

Nachdem Sie Ihre Essgewohnheiten analysiert haben, sollten Sie spezifische, messbare und erreichbare Ziele formulieren. Anstatt vage Ziele wie „gesünder essen“ zu setzen, sollten Sie konkrete Ziele festlegen, wie zum Beispiel „täglich fünf Portionen Obst und Gemüse essen“ oder „dreimal pro Woche eine gesunde Mahlzeit selbst zubereiten“. Solche spezifischen Ziele sind leichter zu verfolgen und zu erreichen. Sie bieten klare Handlungsanweisungen und machen es einfacher, Fortschritte zu messen.

Ein weiterer wichtiger Aspekt ist die Langfristigkeit der Ziele. Kurzfristige Ziele sind wichtig, um schnelle Erfolge zu sehen und motiviert zu bleiben, aber langfristige Ziele sind entscheidend für nachhaltige Veränderungen. Überlegen Sie, wo Sie in einem Jahr, in fünf Jahren oder sogar in zehn Jahren stehen möchten. Langfristige Ziele könnten beinhalten, ein bestimmtes Gewicht zu erreichen und zu halten, chronische Gesundheitsprobleme zu verbessern oder generell eine ausgewogenere Ernährung zu pflegen. Diese Ziele sollten realistisch und an Ihre Lebensumstände angepasst sein.

Die Visualisierung Ihrer Ziele kann ebenfalls hilfreich sein. Stellen Sie sich vor, wie Sie sich fühlen und wie Ihr Leben aussehen wird, wenn Sie Ihre Ernährungsziele erreicht haben. Diese Visualisierung kann als starke Motivation dienen und Ihnen helfen, auch in schwierigen Zeiten fokussiert zu bleiben. Erstellen Sie ein Vision Board oder schreiben Sie Ihre Ziele und die positiven Auswirkungen, die Sie erwarten, auf und platzieren Sie diese an einem sichtbaren Ort.

Ein weiterer Schritt besteht darin, Ihre Ziele in kleinere, erreichbare Schritte zu unterteilen. Diese Teilziele dienen als Meilensteine auf dem Weg zu Ihrem Hauptziel und machen den Prozess weniger überwältigend. Wenn Ihr langfristiges Ziel beispielsweise darin besteht, Ihre Cholesterinwerte zu senken, könnten Teilziele beinhalten, mehr Ballaststoffe in Ihre Ernährung zu integrieren, gesättigte Fette zu reduzieren und regelmäßig Sport zu treiben. Diese kleineren Schritte sind leichter zu bewältigen und bieten regelmäßig Erfolgserlebnisse, die Ihre Motivation aufrechterhalten.

Die regelmäßige Überprüfung und Anpassung Ihrer Ziele ist ebenfalls entscheidend. Lebensumstände und Bedürfnisse ändern sich, und Ihre Ernährungsziele sollten flexibel genug sein, um sich diesen Veränderungen anzupassen. Planen Sie regelmäßige Check-ins, um Ihre Fortschritte zu bewerten und gegebenenfalls Anpassungen vorzunehmen. Dies kann monatlich, vierteljährlich oder in einem anderen für Sie passenden Intervall erfolgen. Diese

Überprüfungen helfen Ihnen, auf dem richtigen Weg zu bleiben und eventuelle Hindernisse zu erkennen und zu überwinden.

Eine weitere hilfreiche Strategie ist die Nutzung von Unterstützungssystemen. Suchen Sie sich Unterstützung bei Familie, Freunden oder in Gruppen, die ähnliche Ziele verfolgen. Der Austausch von Erfahrungen und das gemeinsame Verfolgen von Zielen kann die Motivation erhöhen und wertvolle Unterstützung bieten. Ein starker Unterstützungsnetzwerk kann den Unterschied zwischen Erfolg und Misserfolg ausmachen.

Selbstverantwortung ist ein wesentlicher Bestandteil des Prozesses. Führen Sie ein Tagebuch oder nutzen Sie eine App, um Ihre Fortschritte zu verfolgen. Dokumentieren Sie Ihre Erfolge und Herausforderungen, um ein klares Bild Ihres Fortschritts zu erhalten. Selbstverantwortung stärkt das Bewusstsein und hilft, das Engagement für Ihre Ziele aufrechtzuerhalten. Es ist wichtig, sich selbst zur Rechenschaft zu ziehen und Verantwortung für die eigenen Entscheidungen zu übernehmen.

Die Belohnung für erreichte Meilensteine ist ebenfalls eine effektive Methode, um die Motivation zu erhalten. Belohnen Sie sich selbst für Ihre Fortschritte, sei es durch eine neue Sportausrüstung, einen Wellness-Tag oder einen Ausflug. Diese Belohnungen sollten positiv und gesundheitsfördernd sein, um Ihre Ziele weiter zu unterstützen. Sie dienen als Anerkennung Ihrer Anstrengungen und ermutigen Sie, weiterzumachen.

Schließlich ist Geduld einer der wichtigsten Aspekte bei der Verfolgung langfristiger Ernährungsziele. Veränderungen geschehen nicht über Nacht, und es ist wichtig, realistische Erwartungen zu haben. Seien Sie geduldig mit sich selbst und erkennen Sie an, dass Rückschläge Teil des Prozesses sind. Jeder Schritt, den Sie machen, bringt Sie näher an Ihre Ziele, und jeder Rückschlag bietet eine Lernmöglichkeit. Geduld und Ausdauer sind entscheidend für den langfristigen Erfolg.

Zusammengefasst zeigt sich, dass die Festlegung und Verfolgung langfristiger Ernährungsziele ein strukturierter und bewusster Prozess ist, der realistische Planung, Selbstverantwortung und Geduld erfordert. Indem Sie Ihre aktuellen Essgewohnheiten analysieren, spezifische und messbare Ziele setzen, Ihre Fortschritte regelmäßig überprüfen und sich selbst belohnen, schaffen Sie die Grundlage für nachhaltige und gesunde Veränderungen. Nutzen Sie Unterstützungssysteme und seien Sie geduldig mit sich selbst, um langfristigen Erfolg zu gewährleisten. Auf diese Weise können Sie nicht nur Ihre Gesundheitsziele erreichen, sondern auch ein erfüllteres und gesünderes Leben führen.

Anpassung der Ernährung an Lebensveränderungen

Das Leben ist voller Veränderungen – einige sind vorhersehbar, andere unerwartet. Ob es sich um den Wechsel des Arbeitsplatzes, eine Schwangerschaft, das Älterwerden oder den Umzug in eine neue Stadt handelt, solche Veränderungen erfordern oft auch Anpassungen in der Ernährung. Die Fähigkeit, Ihre Ernährungsgewohnheiten an neue Lebensumstände anzupassen, ist entscheidend für Ihre langfristige Gesundheit und Ihr Wohlbefinden. Eine flexible und anpassungsfähige Herangehensweise an die Ernährung ermöglicht es Ihnen, trotz Veränderungen gesund zu bleiben und Ihre Ernährungsziele zu verfolgen. Hier sind einige Strategien, um Ihre Ernährung erfolgreich an Lebensveränderungen anzupassen.

Zunächst einmal ist es wichtig, Veränderungen als Chance für Wachstum und Verbesserung zu sehen. Jede Lebensphase bringt neue Herausforderungen, aber auch neue Möglichkeiten, Ihre Gesundheit zu optimieren. Betrachten Sie Veränderungen nicht als Hindernis, sondern als Gelegenheit, Ihre Ernährungsgewohnheiten zu überprüfen und zu verbessern. Diese positive Einstellung kann Ihnen helfen, motiviert zu bleiben und sich besser an neue Situationen anzupassen.

Eine gründliche Bewertung Ihrer neuen Lebensumstände ist der erste Schritt zur Anpassung Ihrer Ernährung. Überlegen Sie, wie sich die Veränderung auf Ihre täglichen Routinen und Essgewohnheiten auswirken wird. Wenn Sie beispielsweise einen neuen Job beginnen, könnten Ihre Arbeitszeiten und die Verfügbarkeit von Mahlzeiten variieren. Wenn Sie in eine neue Stadt ziehen, müssen Sie möglicherweise neue Einkaufsmöglichkeiten und Restaurants entdecken. Indem Sie sich dieser Veränderungen bewusst werden, können Sie proaktiv Anpassungen vornehmen.

Planung ist ein wesentlicher Aspekt bei der Anpassung Ihrer Ernährung. Erstellen Sie einen Plan, der Ihre neuen Umstände berücksichtigt. Wenn Sie wissen, dass Sie weniger Zeit zum Kochen haben werden, planen Sie einfache, gesunde Mahlzeiten, die schnell zubereitet werden können. Nutzen Sie Wochenenden oder freie Tage, um Mahlzeiten vorzubereiten und zu portionieren. Ein gut durchdachter Plan hilft Ihnen, gesunde Entscheidungen zu treffen und Stress zu reduzieren.

Flexibilität ist ebenso wichtig. Seien Sie bereit, Ihre Pläne anzupassen, wenn unvorhergesehene Ereignisse eintreten. Das Leben ist unberechenbar, und manchmal müssen Sie improvisieren. Halten Sie gesunde Snacks und Notfallmahlzeiten bereit, um vorbereitet zu sein, wenn Ihre Pläne durcheinander geraten. Flexibilität bedeutet auch, offen für neue Lebensmittel und Zubereitungsmethoden zu sein, die besser zu Ihrem aktuellen Lebensstil passen.

Ein weiterer wichtiger Punkt ist die kontinuierliche Bildung und Anpassung. Bleiben Sie informiert über Ernährungstrends und wissenschaftliche Erkenntnisse, die für Ihre aktuelle Lebensphase relevant sein könnten. Lesen Sie Bücher, besuchen Sie Seminare oder folgen Sie vertrauenswürdigen Ernährungsquellen, um Ihr Wissen zu erweitern. Diese Informationen können Ihnen helfen, fundierte Entscheidungen zu treffen und Ihre Ernährung optimal an Ihre neuen Umstände anzupassen.

Die Einbeziehung von Unterstützungssystemen kann ebenfalls sehr hilfreich sein. Sprechen Sie mit Familie, Freunden oder einem Ernährungsberater über Ihre neuen Lebensumstände und wie Sie Ihre Ernährung anpassen können. Unterstützung und Rat von anderen können wertvolle Perspektiven und praktische Tipps bieten. Ein starkes Unterstützungssystem kann Ihnen auch helfen, motiviert zu bleiben und Ihre Ziele trotz Veränderungen zu verfolgen.

Selbstbeobachtung und Reflexion sind ebenfalls entscheidend. Achten Sie darauf, wie Ihr Körper auf die neuen Ernährungsgewohnheiten reagiert. Fühlen Sie sich energiegeladen und gesund, oder gibt es Bereiche, die verbessert werden könnten? Diese kontinuierliche Selbstbeobachtung hilft Ihnen, Ihre Ernährung weiter anzupassen und zu optimieren. Dokumentieren Sie Ihre Beobachtungen in einem Tagebuch, um Muster und Fortschritte zu erkennen.

Eine besondere Herausforderung können gesundheitliche Veränderungen sein, die eine Anpassung der Ernährung erfordern. Wenn Sie beispielsweise an einer chronischen Krankheit leiden oder eine Lebensmittelunverträglichkeit entwickeln, müssen Sie Ihre Ernährung möglicherweise grundlegend ändern. In solchen Fällen ist es wichtig, eng mit medizinischen Fachkräften zusammenzuarbeiten, um einen Ernährungsplan zu erstellen, der Ihren spezifischen Bedürfnissen entspricht. Diese Fachleute können Ihnen helfen, die richtigen Nährstoffe zu erhalten und gesundheitliche Probleme durch eine angepasste Ernährung zu bewältigen.

Auch positive Veränderungen wie eine Schwangerschaft erfordern eine sorgfältige Anpassung der Ernährung. Während dieser Zeit ist es wichtig, sicherzustellen, dass Sie und Ihr Baby alle notwendigen Nährstoffe erhalten. Erhöhen Sie die Aufnahme von Folsäure, Eisen und Kalzium und achten Sie darauf, genügend Kalorien zu sich zu nehmen, um die zusätzlichen Energieanforderungen zu decken. Ein ausgewogener Ernährungsplan, der auf die Bedürfnisse der Schwangerschaft abgestimmt ist, kann dazu beitragen, eine gesunde Entwicklung des Babys zu unterstützen und Ihre eigene Gesundheit zu erhalten.

Ein weiterer Aspekt ist das Älterwerden und die damit verbundenen Veränderungen im Nährstoffbedarf. Mit zunehmendem Alter kann der Stoffwechsel langsamer werden, und der Körper benötigt möglicherweise andere Nährstoffe. Achten Sie auf eine ausreichende Zufuhr von Protein, um den Muskelabbau zu verhindern, und erhöhen Sie die Aufnahme von Vitamin D und Kalzium, um die Knochengesundheit zu unterstützen. Regelmäßige medizinische Untersuchungen können Ihnen helfen, spezifische Ernährungsbedürfnisse zu identifizieren und entsprechend anzupassen.

Die Integration von neuen Lebensmitteln und Zubereitungsmethoden kann ebenfalls eine spannende und bereichernde Erfahrung sein. Wenn Sie in eine neue Kultur oder Region ziehen, nutzen Sie die Gelegenheit, lokale Lebensmittel und Gerichte zu entdecken. Diese neuen Erfahrungen können Ihre Ernährung bereichern und Ihnen helfen, gesunde, vielfältige Mahlzeiten zu genießen.

Schließlich ist es wichtig, Geduld mit sich selbst zu haben. Anpassungen an neue Lebensumstände benötigen Zeit, und es ist normal, dass es dabei zu Herausforderungen kommt. Seien Sie geduldig und flexibel und erkennen Sie an, dass jeder Schritt in die richtige Richtung zählt. Kleine, kontinuierliche Anpassungen führen langfristig zu nachhaltigen Ergebnissen.

Zusammenfassend lässt sich sagen, dass die Anpassung der Ernährung an Lebensveränderungen eine kontinuierliche und flexible Herangehensweise erfordert. Durch Planung, Flexibilität, Bildung, Unterstützung und Selbstbeobachtung können Sie Ihre Ernährung erfolgreich an neue Umstände anpassen und Ihre Gesundheitsziele erreichen. Veränderungen bieten immer auch Chancen für Wachstum und Verbesserung, und eine bewusste Anpassung Ihrer Ernährung kann Ihnen helfen, diese Chancen zu nutzen und ein gesünderes, erfüllteres Leben zu führen.

Schlusswort

Die Reise zu einer gesünderen Ernährung und einem bewussteren Lebensstil ist eine tiefgreifende und transformative Erfahrung. Dieses Buch hat Ihnen die Werkzeuge, das Wissen und die Inspiration gegeben, um diesen Weg erfolgreich zu gehen. Doch der wahre Erfolg liegt nicht nur darin, die Theorie zu verstehen, sondern auch darin, sie in die Praxis umzusetzen und langfristig beizubehalten.

Zu Beginn Ihrer Reise ist es wichtig, sich daran zu erinnern, dass jede kleine Veränderung zählt. Die Entscheidung, mehr Obst und Gemüse in Ihre Ernährung aufzunehmen, auf verarbeitete Lebensmittel zu verzichten oder regelmäßig zu kochen, sind Schritte in die richtige Richtung. Diese kleinen Schritte summieren sich und führen zu erheblichen Verbesserungen in Ihrer Gesundheit und Ihrem Wohlbefinden. Seien Sie geduldig mit sich selbst und feiern Sie jeden Fortschritt, den Sie machen, egal wie klein er erscheinen mag.

Die Rolle der Planung und Vorbereitung kann nicht genug betont werden. Ein gut durchdachter Plan hilft Ihnen, gesunde Entscheidungen zu treffen und Herausforderungen zu meistern. Nehmen Sie sich die Zeit, Ihre Mahlzeiten im Voraus zu planen, gesunde Snacks vorzubereiten und eine strukturierte Einkaufsliste zu erstellen. Diese einfachen Maßnahmen können einen großen Unterschied machen und Ihnen helfen, auf dem richtigen Weg zu bleiben. Organisation ist der Schlüssel zu einer nachhaltigen Ernährungsumstellung.

Unterstützung spielt eine wesentliche Rolle auf Ihrer Reise. Teilen Sie Ihre Ziele und Fortschritte mit Familie und Freunden, und suchen Sie sich Unterstützung bei Gleichgesinnten. Eine starke

Gemeinschaft kann Sie motivieren und Ihnen helfen, Herausforderungen zu bewältigen. Nutzen Sie auch professionelle Unterstützung, wie Ernährungsberater und Gesundheitscoaches, um Ihre Ziele zu erreichen. Diese Experten können Ihnen wertvolle Ratschläge und individuelle Pläne anbieten, die auf Ihre speziellen Bedürfnisse abgestimmt sind.

Flexibilität und Anpassungsfähigkeit sind ebenfalls entscheidend. Das Leben ist dynamisch, und es ist normal, dass sich Ihre Umstände ändern. Ob es sich um berufliche Veränderungen, gesundheitliche Herausforderungen oder neue Lebensphasen handelt – Ihre Ernährung sollte anpassungsfähig genug sein, um sich diesen Veränderungen anzupassen. Sehen Sie jede Veränderung als eine Chance, Ihre Ernährungsgewohnheiten zu überprüfen und zu verbessern. Diese Flexibilität wird Ihnen helfen, Ihre Gesundheit und Ihr Wohlbefinden trotz aller Herausforderungen zu bewahren.

Kontinuierliche Bildung und Selbstreflexion sind unerlässlich für den langfristigen Erfolg. Bleiben Sie informiert über neue Erkenntnisse und Trends in der Ernährungswissenschaft. Lesen Sie Bücher, besuchen Sie Seminare und nutzen Sie vertrauenswürdige Quellen, um Ihr Wissen zu erweitern. Reflektieren Sie regelmäßig über Ihre Fortschritte und Herausforderungen, um zu verstehen, was gut funktioniert und wo es Verbesserungsbedarf gibt. Diese kontinuierliche Selbstreflexion wird Ihnen helfen, Ihre Ernährungsgewohnheiten weiter zu optimieren und nachhaltige Veränderungen zu erzielen.

Eine bewusste Ernährung ist auch ein Akt der Selbstfürsorge und Selbstliebe. Indem Sie sich die Zeit nehmen, gesunde Mahlzeiten zuzubereiten und auf Ihre Ernährung zu achten, zeigen Sie sich selbst Wertschätzung und Fürsorge. Diese Handlungen stärken das Gefühl der Selbstachtung und können eine positive Einstellung zu Ihrem Körper und Ihrer Gesundheit fördern. Selbstfürsorge durch

Ernährung bedeutet, sich selbst als wertvoll und schützenswert zu betrachten und dementsprechend zu handeln.

Das Erreichen Ihrer langfristigen Ernährungsziele erfordert Disziplin, Ausdauer und eine positive Einstellung. Setzen Sie sich realistische und messbare Ziele, und arbeiten Sie Schritt für Schritt darauf hin. Belohnen Sie sich selbst für Ihre Erfolge, und bleiben Sie geduldig und nachsichtig mit sich selbst bei Rückschlägen. Jede Herausforderung bietet eine Lernmöglichkeit und bringt Sie einen Schritt näher an Ihre Ziele.

Schließlich ist es wichtig, die Freude und den Genuss an gesunder Ernährung zu bewahren. Essen sollte nicht nur eine Notwendigkeit sein, sondern auch eine Quelle der Freude und des Wohlbefindens. Experimentieren Sie mit neuen Rezepten, entdecken Sie neue Lebensmittel und genießen Sie die Vielfalt und den Geschmack gesunder Mahlzeiten. Diese positive Einstellung zum Essen wird Ihnen helfen, Ihre Ernährungsgewohnheiten langfristig beizubehalten und ein erfüllteres Leben zu führen.

Zusammengefasst zeigt sich, dass die Reise zu einer gesünderen Ernährung und einem bewussteren Lebensstil eine kontinuierliche und dynamische Erfahrung ist. Durch Planung, Unterstützung, Flexibilität, Bildung und Selbstfürsorge können Sie nachhaltige Veränderungen erzielen und Ihre Gesundheitsziele erreichen. Nutzen Sie das Wissen und die Werkzeuge, die Sie in diesem Buch gefunden haben, um Ihre eigene Reise zu gestalten und ein gesundes, glückliches und erfülltes Leben zu führen. Bleiben Sie motiviert, bleiben Sie engagiert, und erinnern Sie sich daran, dass jede kleine Veränderung einen großen Unterschied machen kann.

Impressum

Verantwortlich:

Torsten Weber
Eickeshagen 40
42555 Velbert
LeserBewertungen@web.de
Weberkonzept

Haftungsausschluss:

Die Inhalte dieses E-Books wurden sorgfältig geprüft und nach bestem Wissen erstellt. Jedoch übernehmen wir keine Gewähr für die Aktualität, Richtigkeit, Vollständigkeit oder Qualität der bereitgestellten Informationen. Haftungsansprüche gegen uns, welche sich auf Schäden materieller oder ideeller Art beziehen, die durch die Nutzung oder Nichtnutzung der dargebotenen Informationen bzw. durch die Nutzung fehlerhafter oder unvollständiger Informationen verursacht wurden, sind grundsätzlich ausgeschlossen, sofern unsererseits kein nachweislich vorsätzliches oder grob fahrlässiges Verschulden vorliegt.

Urheberrecht:

Datenschutz:

Die Nutzung unserer Website und des E-Books ist in der Regel ohne Angabe personenbezogener Daten möglich. Soweit auf unseren Seiten personenbezogene Daten (beispielsweise Name, Anschrift oder E-Mail-Adressen) erhoben werden, erfolgt dies, soweit möglich, stets auf freiwilliger Basis. Diese Daten werden ohne ausdrückliche Zustimmung nicht an Dritte weitergegeben.

Wir weisen darauf hin, dass die Datenübertragung im Internet (z.B. bei der Kommunikation per E-Mail) Sicherheitslücken aufweisen kann. Ein lückenloser Schutz der Daten vor dem Zugriff durch Dritte ist nicht möglich.

Werbung und Links:

Sofern innerhalb dieses E-Books Werbung oder Links zu anderen Websites enthalten sind, so haben wir auf deren Inhalt keinen Einfluss. Für die Inhalte der verlinkten Seiten ist stets der jeweilige Anbieter oder Betreiber der Seiten verantwortlich. Eine permanente inhaltliche Kontrolle der verlinkten Seiten ist jedoch ohne konkrete Anhaltspunkte einer Rechtsverletzung nicht zumutbar. Bei Bekanntwerden von Rechtsverletzungen werden wir derartige Links umgehend entfernen.

Rechtswirksamkeit:

Dieser Haftungsausschluss ist als Teil des E-Books zu betrachten, von dem aus auf diese Seite verwiesen wurde. Sofern Teile oder einzelne Formulierungen dieses Textes der geltenden Rechtslage nicht, nicht mehr oder nicht vollständig entsprechen sollten, bleiben die übrigen Teile des Dokuments in ihrem Inhalt und ihrer Gültigkeit davon unberührt.

Printed in Poland
by Amazon Fulfillment
Poland Sp. z o.o., Wrocław

43586435R00098